Martin Limbeck

Siegerstrategien für Verkaufsprofis

Martin Limbeck

Siegerstrategien für Verkaufsprofis

Signum Wirtschaftsverlag

Besuchen Sie uns im Internet unter
http://www.herbig.net

Satz: Fotosatz Völkl, Puchheim
Druck und Binden: Jos. C. Huber KG, Dießen
Printed in Germany
ISBN 3-85436-00327-3

Inhaltsverzeichnis

FRAGE 1

Was heißt „Verkaufen"?

Nehmen wir uns die Zeit, diese auf den ersten Blick banal scheinende Frage genauer zu betrachten. Bevor Sie weiterlesen, schreiben Sie bitte Ihre Erklärung oder Antwort auf diese Frage nieder.

Verkaufen heißt:
....
....
....

Die folgenden Antworten habe ich oft zusammengetragen:

- ❖ Leute dazu zu bringen, sich von ihrem Geld zu trennen
- ❖ Ware gegen Geld zu liefern
- ❖ Bedarf zu wecken
- ❖ Ein Bedürfnis des Interessenten zu befriedigen
- ❖ Einen Interessenten zu überzeugen
- ❖ Einen Interessenten zu beeinflussen und zu manipulieren

Genau diese letzte Aussage möchte ich einmal ganz bewusst aufgreifen.

Manipulation ist bei uns ein negativ besetztes Wort. Deshalb wollen wir uns als Verkäufer davon distanzieren. Doch genau genommen handelt es sich um ein „neutrales" Wort. Was wir daraus machen, wie wir es einsetzen, entscheidet über eine eher negative oder positive Wirkung.

In der Technologie ist es nicht anders! Die Lasertechnologie an sich ist eine neutrale Technik. Wir entscheiden durch den Einsatz der Technik über deren Wirkung. So kann die Lasertechnik im militärischen Einsatz für Tod und Zerstörung sorgen, im medizinischen Umfeld jedoch verlängert der Einsatz der Lasertechnik Leben oder schafft neue Lebensqualität. Es entscheidet also einzig und allein die Art und Weise des Einsatzes der Technik über deren Wirkung. Ebenso verhält es sich mit der Technik der Manipulation. Wir kennen die Vorteile und Nutzen, die unser Gesprächspartner durch unsere Lösung bekommen wird. Also ist es doch für ihn nur positiv, wenn mir ihn dazu bewegen, mit uns zu verhandeln.

Es ist als Verkäufer unsere Hauptaufgabe, die Interessenten für uns und unsere Produkte und Dienstleistungen zu gewinnen. Jeder einzelne Schritt im Verkaufszyklus ist dabei ein Schritt auf dem Weg zum Verkaufserfolg. Doch nur wer das Ziel kennt, wird die Schritte auf dem richtigen Weg tun.

Verkaufen heißt, den Interessenten zu Taten zu bewegen.

Dabei ist es zunächst unerheblich, wie groß diese Taten sind. Beim Erstkontakt am Telefon gilt es, den persönlichen Termin zu verkaufen und nur den Gesprächspartner zum Termin zu bewegen. Die Taten, zu welchen es die Interessenten zu bewegen gilt, sind vielfältig. Die

Probefahrt beim Autohändler oder die Anprobe im Bekleidungshaus, der gemeinsame Besuch bei einem Referenzkunden oder auch die Testinstallation. Alles sind Taten des Interessenten, die ihn uns näher bringen.

Dabei soll unser Gesprächspartner immer das Gefühl haben, selbst zu entscheiden. Weshalb ist das so wichtig?

Vielleicht kennen Sie selbst nach einer Kaufentscheidung folgende Situation:
Sie sind wieder allein und haben das Gefühl, sich vielleicht doch nicht richtig oder zu früh entschieden zu haben. Der Verkäufer hat alles sehr positiv dargestellt und Sie haben das Produkt oder die Dienstleistung auch gesucht, aber so richtig überzeugt sind Sie nicht. Dieses Gefühl der Kaufreue kann zum Widerruf des Auftrags führen!

Was gilt es also zu beachten?

Es ist wichtig, dass der Kunde nach seiner Entscheidung zu sich sagen kann: „Super, jetzt habe ich genau das Produkt oder die Dienstleistung gefunden, das/die ich gesucht habe. Der Verkäufer hat mich ausführlich beraten und ich konnte mir genau das aussuchen, was ich mir vorgestellt habe."

Wie schaffen wir es, bei unseren Kunden dieses positive Gefühl für ihre Entscheidung zu erzeugen?

Bei fast allen Entscheidungen spielen zwei Kräfte in uns eine Rolle. Es sind die rationalen und die emotionalen Kräfte, die manchmal sogar gegeneinander antreten und dem Entscheider so die Wahl erschweren.

Unseren logischen Verstand, unser rationales Denkhirn, haben wir uns erst in den letzten 45 000 Jahren erarbeitet. Unser Instinkt, unsere Emotionen und unser Urhirn sind sehr viel älter, mehr als 150 000 Jahre.

Die Macht unseres Urhirns, unserer Gefühle, ist sehr viel stärker als unser Verstand. Genau aus diesem Grund ist es besonders wichtig, die Emotionen unseres Gesprächspartners zu beachten. Die Gefühlsebene unseres Gesprächspartners positiv zu beeinflussen ist das erste Ziel beim Kontakt mit unseren Kunden. Dabei spielt es keine Rolle, ob wir dem Kunden persönlich gegenüberstehen oder ob wir am Telefon miteinander sprechen. Das Urhirn entscheidet schnell und wird sich immer wieder in den Vordergrund drängen. Der erste Eindruck zählt und Kleinigkeiten haben hierbei eine große Wirkung. Die Verhaltensforschung geht davon aus, dass mehr als 90 Prozent unserer Entscheidungen emotional getroffen werden. Unser Verstand sucht dann die rationale Begründung für die Entscheidung.

Verkaufen heißt also: die Emotionen, Beweggründe unseres Interessenten zu erkennen und gezielt in unsere Verkaufsstrategie mit einzubeziehen.

Der Mensch tut nur dann etwas, wenn er ein Motiv hat. Finden Sie die Beweggründe Ihrer Geschäftspartner heraus und schaffen Sie ihnen greifbare Anreize, so entschließen sie sich leicht, Ihre Kunden zu werden.

FRAGE 2

Habe ich den richtigen Beruf gewählt?

Ohne Verkäufer ist die menschliche Gesellschaft undenkbar. Ohne ihn geht fast nichts, denn er ist das Bindeglied zwischen dem Unternehmen und seinen Kunden.

Eine der wichtigsten Voraussetzungen, um erfolgreich im Verkäuferberuf zu bestehen, beschreiben die vier Ms:

„Man muss Menschen mögen."

Der Verkäufer kommt täglich mit vielen Menschen mit unterschiedlichstem Charakter, unterschiedlicher Bildung und verschiedenen Positionen in Kontakt. Er hat die Aufgabe, diese Menschen zu gewinnen, erst für sich selbst, dann für das Unternehmen und dann das angebotene Produkt oder die Leistung.

Verkaufen zählt zu den härtesten Berufen der Welt. Das Verkäuferimage zählt nicht überall zu dem besten. Deshalb gilt es, das Vertrauen der Kunden zu gewinnen und damit die Basis für künftig gute Geschäfte zu schaffen.

Der Wandel vom Verkäufer- zum Käufermarkt stellte bereits vor Jahrzehnten neue Herausforderungen an die Verkäufer und ihre Unternehmen. Der Kunde kann heute zwischen mehreren Anbietern mit vergleichbaren Produkten und Dienstleistungen auswählen. Er ist aufgeklärt wie nie. Durch den Einsatz neuer Medien wie das Internet wird es für den Kunden immer einfacher, Informationen zu sammeln und Angebote kritisch zu vergleichen.

Veränderungen im Markt- und Verkäuferverhalten treten ein, wenn Unternehmen plötzlich im Wettbewerb stehen. Vorher kamen die Kunden von allein. Heute müssen diese Unternehmen in der Fernmelde- und Energiebranche um ihre Kunden kämpfen und sie für sich begeistern! Welch ein Unterschied!

Was bedeuten nun diese Veränderungen für unseren Verkäuferberuf?

Nur wer immer wieder bereit ist, sich den anstehenden Veränderungen zu stellen und die daraus resultierenden Aufgaben anzunehmen, wird auf die Dauer als Verkäufer erfolgreich.

Neue Medien wie das Internet ergänzen unsere Kommunikationsmöglichkeiten mit unseren Kunden. Das Internet wird den Verkäufer *nicht* ersetzen. Es werden sich Veränderungen ergeben, welche wir in unserer Arbeit berücksichtigen müssen. So kommen Anfragen und auch Ausschreibungen heute zum Beispiel per Internet.

Unternehmen und Verkäufer müssen sich den neuen Herausforderungen stellen. Kontinuierliches Lernen ist an der Tagesordnung. Wer aufhört, besser zu werden, hat aufgehört, gut zu sein. Wer glaubt, sich auf seinen Lorbeeren ausruhen zu können, wird auf kurze Sicht vom Markt verschwinden. Wer nicht mit der Zeit geht ... der geht mit der Zeit!

Welche Trends zeichnen sich im Verkauf ab?

- Die Kundenorientierung ist in vielen Unternehmen heute noch immer mehr Wunsch denn gelebte Realität. Doch genau hier wird es in den kommenden Jahren erhebliche Veränderungen geben. Einer Umfrage des Verlags Norbert Müller nach glauben 73 Prozent der Befragten, dass sich bis 2010 alle Mitarbeiter im Unternehmen ihrer Verantwortung gegenüber dem Kunden bewusst sind und sich entsprechend verhalten.

- Der Kunde erwartet von uns Verkäufern weit mehr als ein Produkt- oder Leistungsangebot. Der Kunde erwartet ganzheitliche Lösungsangebote, zugeschnitten auf seine individuelle Fragestellung. Wir Verkäufer werden Lösungsmanager für den Kunden.

- Das individuelle Beziehungsmanagement zwischen dem Unternehmen und seinen Kunden zählt ebenso zu den Trends und den Erfolgsfaktoren der Zukunft und ist Aufgabe des Verkäufers.

- Das Verkaufen im Team ist ein weiterer Trend der Zukunft. Das Team, bestehend aus Entwicklung, Produktion, Verkauf, Logistik und Service, kann für den Kunden eine individuelle Lösung erarbeiten. Gemeinsam mit dem Verkäufer erarbeiten sie die besten Voraussetzungen für den Kunden.

- Die elektronische Kommunikationstechnik wird sich unaufhaltsam im Vertrieb durchsetzen. Der Umgang mit dem PC und den entsprechenden Kommunikationsmedien gehört zum Tagesgeschäft. CAS (Computer Aided Selling) wird Teil des Verkäuferalltags.

Wie wirkt sich das Internet auf den Verkäufer aus?

Das Internet ist als Informationsquelle für uns Verkäufer heute ein schnelles Medium, um Informationen über Kunden oder Wettbewerber zu finden. Die entstehenden „Onlineshops" ersetzen oder ergänzen Kataloge. Ein Produkt im Internet zu präsentieren, ist recht einfach.

Wenn ein Kunde bestellt, ist eine ausgefeilte Logistik erforderlich, um den Auftrag den Kundenerwartungen entsprechend sofort und fehlerfrei auszuführen. Wenn der Kunde im Internet-Buchladen stöbert, ein Buch bestellt und darauf 14 Tage warten muss – während er es im Ladengeschäft gleich mitnehmen kann –, trifft das nicht in allen Fällen die Erwartung des Kunden.

Mit neuen IT-Lösungen, wie zum Beispiel dem *„shared browsing"*, ist es möglich, dass ein Kunde, der genauere Informationen zu einem Produkt wünscht, über einen *„call button"* das Unternehmen kontaktiert und sofort mit einem Berater/Verkäufer per *„Textchat"* verbunden wird. Beide, Kunde und Berater, sind auf der gleichen Seite im Internet und können sich austauschen. Ein gemeinsamer Mauszeiger hilft bei der Navigation. Sollte es dann noch erforderlich sein, verbal Hilfestellung zu geben, kann der Berater seinen Kunden zusätzlich auch noch anrufen – fast wie beim persönlichen Besuch. In solchen Szenarien, die übrigens bereits Realität sind, lassen sich auch erklärungsbedürftige Produkte über das Internet vermarkten.

Dass in diesen Anwendungen an uns Berater/Verkäufer entsprechend hohe verkäuferische Anforderungen gestellt werden, versteht sich fast von selbst. Denn in diesen Fällen ersetzt die Beratung über Web die Beratung vor Ort. Dabei ist die Beratung nur ein Teil! Der für das

Unternehmen vitale Teil, der erfolgreiche Geschäftsabschluss, wird beim Einsatz dieser Technologien oftmals noch unterschätzt. Das wird und muss sich ändern und stellt damit wiederum ein neues Betätigungsfeld für den Verkauf dar.

Der Verkäuferberuf ist also ein Beruf für Menschen, die Menschen mögen, die gerne aktiv auf Menschen zugehen. Nicht die Selbstdarstellung steht im Vordergrund, sondern der Kunde. Wer bereit ist, sich den immer wieder veränderten Herausforderungen zu stellen und kontinuierlich zu lernen, wird mit Spaß und Erfolg belohnt.

FRAGE 3 Welche Kompetenzen werden von uns gefragt?

Ein Sprichwort sagt: „Drei Dinge machen einen Meister: Wissen, Können, Wollen!“

Was heißt es aber, „kompetent“ zu sein? So einfach lässt sich diese Frage nicht beantworten, denn Kompetenz ist vielschichtig, und je nach Blickwinkel des Betrachters kann die Skalierung der Kompetenz anders ausfallen.

Betrachten wir zunächst die Fachkompetenz.

Noch vor dem verkäuferischen Können steht das Wissen über das eigene Produkt-, Dienstleistungs- und Lösungsangebot. Die Kenntnisse über den Markt, den Wettbewerb und die politischen Entwicklungen runden die Fachkompetenz ab.

Die Fachkompetenz bleibt sehr wichtig! Nur wer sein Produkt und Fachgebiet gut kennt, ist in der Lage, dem Kunden seinen individuellen Nutzen zu verdeutlichen. Hier besteht die unbedingte Pflicht eines jeden Verkäufers, sich fachlich „fit“ zu halten. Dazu gehören neben den aktuellen Kenntnissen zum Angebot des eigenen Unternehmens auch das Wissen zum Wettbewerbsverhalten und dem aktuellen Geschehen am Markt.

Was verstehen wir unter Methodenkompetenz?

Die Entscheidung für die richtige Methode oder Technik bedarf der Kenntnis der Vor- und Nachteile sowie des Einbezugs von zeit- und situationsabhängigen Variablen. Erst wenn die zur Verfügung stehenden Mittel in der richtigen Art und Weise kombiniert und genutzt werden, erreichen wir den maximalen Nutzen.

Welche Methoden sind für uns als Verkäufer wichtig?

Gesprächsmethoden wie:
- Telefonakquisition
- Kaltbesuch
- Erstgespräch
- Folgegespräche
- Reklamationsgespräch
- Preisverhandlung
- Abschlussgespräche

After-Sales-Betreuung:
- Präsentationsmethoden
- Allgemeine Organisation
- Gebietsmanagement
- Zeitmanagement

Welchen Stellenwert hat die Sozialkompetenz im Verkauf?

Zweifellos steht unsere Sozialkompetenz mit voran. Denn hier geht es um die Wahrnehmung von individuellen und sozialen Prozessen. Dies wiederum ist die Basis für die Gestaltung erfolgreicher Verkaufsgespräche. Sozialkompetenz ist die Fähigkeit, mit den verschiedensten Menschen umgehen zu können, Gedanken, Gefühle und Einstellungen sensibel wahrzunehmen und sich entsprechend verständigen zu können.

Gerade im Verkauf haben wir es mit vielen Menschen aus unterschiedlichen Bereichen mit immer individuellen Ansprüchen zu tun. Es gilt, den Kunden richtig anzusprechen, sodass er sich von uns verstanden und ernst genommen fühlt. Ziel ist es, eine partnerschaftliche Gesprächsbasis zu finden. Das bedeutet hohe Akzeptanz auf beiden Seiten.

Die Kernkompetenz

Diese ist für den erfolgreichen Verkäufer die Eigenmotivation und Selbstverantwortung.

Wer sich nur von anderen antreiben lässt oder unter Druck bewegt, wird es auf die Dauer in seinem Beruf nicht weit bringen. Spitzenverkäufer sind deshalb so erfolgreich, weil sie über ein hohes Maß an Eigenmotivation verfügen und nach immer neuen zusätzlichen Wegen zum Erfolg suchen. Für viele Unternehmen sind diese Verkäufer der Lebensnerv und Antriebsmotor. Schließlich ist der Grad der Eigenmotivation der entscheidende Faktor auf dem Weg zum persönlichen Erfolg. Aufgaben anzunehmen, sich den Herausforderungen zu stellen und aus den verschiedensten Situationen zu lernen ist ein sich ständig wiederholender Prozess auf dem Weg zum Erfolg!

Diese genannten vier Kompetenzbereiche bilden zusammen die „Matrix“ der Handlungskompetenz eines Menschen. Für uns Verkäufer ist es unabdingbar, in allen Kompetenzbereichen an uns zu arbeiten und uns zu verbessern. Denn ohne die Fähigkeit, ein Verkaufsgespräch richtig zu führen, bringt uns die rein fachliche Qualifikation wenig Erfolg. Allein mit sozialer Kompetenz wird kaum ein Verkäufer den Abschluss realisieren, doch ohne sie wird er wenig Gesprächspartner haben. Die Eigenmotivation als Kernkompetenz ist für den erfolgreichen Verkäufer die Basis für alle weiteren Aktivitäten.

FRAGE 4

Welche Wege führen zu meinen Kunden?

Auch wenn die Gewinnung von Neukunden um ein Vielfaches teurer ist als das Halten der Stammkunden, so ist sie doch wohl eine der wichtigsten Verkäuferaufgaben überhaupt.

Wie kommen wir zu neuen Kunden?

Hier sind die sechs Wege der Akquisition, die wir als Verkäufer allein und in eigener Verantwortung durchführen können.

- Telefonakquisition
- Kaltbesuche
- Verkaufsbriefe und Drucksachenversand
- Messen und Kongresse
- Empfehlungen
- Abwarten, bis sich ein Interessent bei uns meldet

Die zuletzt genannte Methode ist bequem, jedoch ein gefährlicher Weg! Durch Abwarten wird kein Verkäufer reich!

Werbedrucksachen liegen in der Beliebtheitsskala ganz weit vorne. Doch wie viele der verschickten Briefe erreichen überhaupt den Entscheider? Wie viele landen ungelesen in der Rundablage? Sie werden vielfach als Aufhänger benutzt, um dann nachzutelefonieren. Ob diese Alibifunktion wirklich erforderlich ist ...?

Messen und Kongresse sind eine hervorragende Chance, neue Kunden zu gewinnen. Ich kenne aber trotzdem Kollegen, die sich um eine passende Ausrede bemühen, um nicht zum Messedienst eingeteilt zu werden. Messen wirken ermüdend! Aber bei welcher anderen Gelegenheit können wir so viele persönliche Kundenkontakte knüpfen wie auf einer Messe?

Telefon- und Kaltakquise gehören zu den klassischen Methoden, die ein Vertriebsmitarbeiter beherrschen muss. Außerdem sind beide Methoden nach wie vor erfolgversprechend! Auf die Mischung kommt es – je nach Branche – an! Ich konzentriere mich also auf diese „klassischen“ Methoden.

Wie erhöhen wir die Erfolgsquote bei der Telefonakquisition?

Die gründliche Vorbereitung ist ein wesentlicher Teil des Erfolgs. Es bleiben uns nur unsere Stimme und der Gesprächsinhalt, um unseren Gesprächspartner zu überzeugen. Die zur Verfügung stehende Zeit ist kürzer als bei einem persönlichen Termin. Legen Sie alle Utensilien wie Unterlagen, Listen, Terminplaner und Schreibzeug griffbereit.

Wann ist die günstigste Zeit für die Anrufaktion?

Je nach Branche sind die Zeiten sehr unterschiedlich. So ist ein Handwerker nach neun Uhr meist schon auf der Baustelle. Das heißt, wenn wir den Chef erreichen wollen, gilt es, früher anzurufen. Auch der Freitagnachmittag ist durchaus ein geeigneter Zeitpunkt, um noch Entscheider zu erreichen. Oft entdecken wir, dass die günstigsten Zeiten im Allgemeinen nicht genutzt werden – weil wir Verkäufer nicht daran glauben!

Unser Gesprächsprogramm

Wir stellen uns zur Gestaltung unseres Leitfadens folgende zielorientierte Fragen:

- Welches Ziel verfolge ich mit meinem Anruf?
- Terminvereinbarung?
- Informationen gewinnen?
- Gleich zum Abschluss kommen?
- Wer sind unsere geeigneten Gesprächspartner?
- Was ist unser Hauptziel, aber was sollte notfalls unser Mindestziel sein?

Unsere Argumentationspunkte

- Woran könnte unser Gesprächspartner interessiert sein? Womit schaffen wir es, ihn zu überzeugen?
- In der Kürze liegt die Würze! Wir haben am Telefon im Schnitt nur 20 Sekunden Zeit, um die Aufmerksamkeit unseres Gesprächspartners zu gewinnen! Dies vor Augen, ist es enorm wichtig, diese Zeit optimal vorzubereiten.
- Wir stellen Fragen und vermeiden Behauptungen! Nicht: „Mit der neuen Softwarestruktur steigern Sie Ihre Erreichbarkeit auf 100 Prozent!“, sondern: „Welche Perspektiven können Sie erwarten, wenn Sie Ihre Erreichbarkeit auf 100 Prozent steigern?“
- Wir geben unserem Gesprächspartner die Gelegenheit, zu antworten und sich zu äußern.

Auf Einwände bereiten wir uns vor

In 80 Prozent der Fälle bestehen „genormte“ Einwände, Verzögerungs- und Abwimmelungsversuche, auf die wir uns deswegen vorbereiten können. Dadurch bleiben wir im Dialog und kommen zum Ziel!

Wann und wie beenden wir das Gespräch?

Wenn wir heute nicht zum Ziel kommen, verabschieden wir uns höflich und legen uns diesen Kontakt für eine spätere Aktion beiseite. Die Chance, dass sich die Stimmung des Gesprächspartners zum Positiven ändert, ist immer gegeben und soll uns helfen, nicht zu resignieren.

Wir steigen ganz oben ein

Wir fragen nach dem Geschäftsführer, Vorstand, Betriebsleiter oder dem Chef. Wir fragen niemals: „Wer beschäftigt sich mit der Anschaffung von ...?“ usw., denn beschäftigen tun sich viele, entscheiden jedoch nur wenige! Außerdem ist es viel schöner, vom Chef des Hauses gesagt zu bekommen, welcher seiner Mitarbeiter sich um das Thema kümmert. Das verhilft uns an dieser Stelle zu einem besseren Einstieg.

Sind Kaltbesuche nicht mehr zeitgemäß?

Sie sind nur bei wenigen Kollegen beliebt. Diese begründen ihre Ablehnung mit der Wahrscheinlichkeit, abgewiesen zu werden. Kaltbesuche können durchaus einen überraschend großen zusätzlichen Gewinn bringen, wenn uns zwischen zwei Besuchsterminen Zeit bleibt oder wenn ein Termin geplatzt ist. Beim Kaltbesuch gelingt es oft, den Entscheider doch persönlich kennen zu lernen. In anderen Fällen wurden zumindest die Namen der Entscheider herausgefunden. Wir haben einen ersten persönlichen Eindruck gewonnen, der uns in der Nachfassaktion helfen wird.

Wie bei der Telefonakquisition ist es wichtig, uns für die Kaltakquise einen Leitfaden zurechtzulegen.

Wie kommen wir aktiv an neue Adressen?

Die gezielte Ausschöpfung aller Informationsquellen ist einer der wichtigsten Schritte.

- Besuchen Sie Kongresse, Messen und Seminare und beschaffen Sie sich dazu die entsprechenden Teilnehmerlisten, auch wenn ein Datenschutz verhängt wurde. Bereits während der Veranstaltung besteht die Chance der Kontaktaufnahme.
- Lesen Sie Zeitungsanzeigen in der Tages- und der Fachpresse. Wer sucht neue Mitarbeiter? Wo liegt ein Bauvorhaben? Wer bewegt sich in der Branche?
- Industrie- und Handelskammern, Innungen, Gewerkschaften, Genossenschaften und andere Stellen bieten Informationen.
- Adressbücher, Telefonbücher ganz allgemein bieten eine Basis. Jeder Adressenverlag bietet aufgeschlüsselte Informationen.
- Das Internet gehört heute zu den selbstverständlichen Quellen, um Informationen zu beschaffen.

Stellenanzeigen als Informationsquelle

Sucht ein für Sie potenziell interessantes Unternehmen einen neuen Geschäftsführer, so ist das für Sie die Gelegenheit, nach entsprechender Zeit (zehn bis zwölf Wochen) zu reagieren, um herauszufinden, wer der „Neue" ist, und um ihn zu kontaktieren. So haben Sie die Chance, der Erste zu sein, wenn der neue Entscheider aktiv wird.

FRAGE 5 Was erwarten Kunden von einem Verkäufer?

Der Kunde erwartet, dass wir höflich sind

Höflichkeit ist die Beherrschung von Normen. Dazu gehören die Form des Grüßens und der Begrüßung, die Anrede und Vorstellung, das Auftreten und Verhalten bei Terminen, Pünktlichkeit, die Sprache, die angemessene Distanz zum Gesprächspartner.

Höflichkeit sorgt nicht nur für Distanz, sie verbindet auch. Sie bildet die Basis für künftige Verbundenheit und Nähe. Der Kunde wird die ihm entgegengebrachte Höflichkeit nicht immer honorieren, Unhöflichkeit wird er jedoch sofort bestrafen.

Der Kunde erwartet, dass wir taktvoll sind

Höflichkeit und Takt gehören zueinander. Die Regeln der Höflichkeit decken nur einen Teil ab. Für das richtige Taktgefühl gibt es keine Normen. Wer jedoch darin versagt, macht sich unbeliebt. Takt wird auch „als der Verstand des Herzens“ bezeichnet.

Wie überprüfen und vervollkommnen wir unser Taktgefühl? Wir versetzen uns immer wieder in die Situation unseres Gesprächspartners und stellen uns selbst die Frage, wie wir an seiner Stelle empfinden würden, besonders, wenn ein sonst freundlicher Gesprächspartner sich plötzlich abweisend und reserviert verhält.

Der Kunde erwartet, richtig von uns informiert zu werden

Der Kunde lebt in der Welt seines Unternehmens und seiner Branche. Er kennt die Situation in seinem Unternehmen, er kennt die Schwächen und Stärken, seine Ziele und Pläne. Es ist unsere Aufgabe, dem Kunden „die Brücke" zu uns und unserem Angebot zu bauen. Das klingt sehr einfach, doch in der Praxis scheitert es oft genau an dieser Stelle. Die große Herausforderung besteht für uns darin, dass wir den Kunden auf dem Weg über „die Brücke" mitnehmen. Wir sind geneigt, in zu großen Schritten vorwärts zu gehen, sodass der Kunde nicht Schritt halten kann. Der Kunde versteht meist weniger und langsamer, als wir glauben. Wie beugen wir diesem vor?

- ❖ Während unserer Ausführungen achten wir auf Mimik und Gestik unseres Kunden. Fragende Blicke oder Signale von Langeweile beachten wir sofort.
- ❖ Wir reagieren mit Fragen oder bitten um die Meinung des Kunden, um ihn immer wieder genau dort abzuholen, wo er steht.

Der Kunde erwartet, dass wir hilfsbereit sind

Helfen Sie Ihrem Kunden, wo immer Sie es können. Unterstützen Sie ihn bei seinen Aufgaben und Aktionen. Dennoch kann zu viel des Guten auch eher schaden.

Der Kunde erwartet, dass wir beharrlich und hartnäckig bleiben

Der Kunde sucht Hinweise dafür, dass wir an der Zusammenarbeit mit ihm interessiert sind. Er möchte umworben werden, Wertschätzung erfahren. Er verlangt eine kontinuierliche Aufmerksamkeit, auch wenn für uns kein sofortiger Auftrag daraus resultiert. Stellen wir schon nach ein zwei Versuchen den weiteren Kontakt ein, so signalisiert das dem Kunden zwei Dinge:

1. Der Verkäufer hat mangelndes Interesse an ihm.
2. Der Verkäufer ist wohl von seinem eigenen Angebot wenig überzeugt.

Der Kunde erwartet, dass wir ihm Sicherheit bieten

Jeder Kauf ist mit Risiken verbunden. Der Kunde befürchtet bei einer Fehlentscheidung – neben finanziellen Einbußen – Ärger, Mehrarbeit und Vorwürfe von Vorgesetzten und anderen Personen. Folgende Punkte helfen, dem Kunden Sicherheit zu vermitteln:

- ❖ Referenzen zeigen, dass andere Kunden schon zufriedene Anwender sind. Kundenlisten, Zeitungsberichte und Verkaufszahlen sind einsetzbar.
- ❖ Kundendienst und Kundenservice sind heute wichtige Themen. Zeigen Sie an einem Beispiel, ohne den Eindruck zu erwecken, dass es tagtäglich Reklamationen gibt, wie schnell solche Schwierigkeiten oder Fragen bearbeitet werden.
- ❖ Eine ausführliche Einweisung und Schulung der Anwender ist, je nach Produkt, selbstverständlich wichtig.
- ❖ Ein Blick in geplante Entwicklungen zeigt dem Kunden: „Es geht vorwärts." Nur wer heute innovative Ideen hat, kann morgen am Markt bestehen. Das weiß auch der Kunde.

Der Kunde erwartet, dass Sie zuverlässig sind

Zuverlässigkeit heißt, unser Versprechen zu halten.

Persönliche Versprechen
Diese Versprechen kommen von uns und wir allein tragen die Verantwortung dafür, dass wir sie halten.

Organisatorische Versprechen
Das sind die direkten und indirekten Versprechen, welche das Unternehmen in den Markt trägt. Wir können ihre Verwirklichung nicht hundertprozentig beeinflussen. Hier liegt unsere Herausforderung darin, dass wir eine „doppelte" Solidarität entwickeln müssen.

Erwartete Versprechen
Aufgrund der Erfahrungen, die ein Kunde mit Ihrem Unternehmen oder auch mit anderen gesammelt hat, entstehen bei ihm bestimmte Annahmen darüber, was er erwarten kann.

Fazit: Machen Sie keine hochgeschraubten Versprechen, nur um ein Geschäft abzuschließen. Unsere Aufgabe endet nicht mit dem Vertrag, im Gegenteil, zu diesem Zeitpunkt beginnt sie erst.

Der Kunde erwartet, dass wir ihm danken

Unterschätzen Sie nie den Wert eines aufrichtigen Dankeschöns. Dabei gilt: Eine Rose zur rechten Zeit ist weitaus wertvoller als ein Tausenddollargeschenk, das zu spät eintrifft!

Es gibt viele Gründe, sich bei einem Kunden zu bedanken:

- natürlich, wenn er uns den Auftrag erteilt
- natürlich, wenn er uns weiterempfiehlt
- wenn er etwas Neues für uns testet
- wenn er uns Vorschläge unterbreitet
  aber auch, wenn er sich beschwert
- wenn er geduldig ist, obwohl er warten muss
- wenn er irgendwie unsere Aufgaben einfacher macht
- wenn er uns ein Kompliment macht

Es gibt auch drei Wege, „Danke“ zu sagen: mündlich, schriftlich und mit einem Geschenk. Ein persönliches Geschenk ist ein Zeichen der Verbundenheit. Der Wert des Geschenks soll in einem angemessenen Verhältnis zum Grund des Danks stehen. Ein teures Geschenk zur falschen Zeit erweckt den Anschein, dass Sie den Kunden kaufen wollen!

FRAGE

6

Wie bereiten wir uns auf den Kundenkontakt vor?

Erfolg geschieht nicht einfach, Erfolg wird geplant!

Die Vorbereitung ist „die stille Kunst des Verkaufens". In einem völlig anderen Bereich, der Formel 1, ist es ähnlich. Wer in der Vorbereitung, im „qualifying", gute Arbeit leistet, verschafft sich eine gute Ausgangsposition im Rennen und erhöht damit seine Chance auf den Sieg. Wer in der Vorbereitung schlechter abschneidet, startet von einem der hinteren Plätze aus und die Chance, zu überholen und zu gewinnen, ist geringer. So verhält es sich auch im Verkauf.

Die zwei wichtigsten Aspekte bei der Vorbereitung

- Die positive innere Einstellung und
- die gründliche Vorbereitung auf jedes Gespräch.

Was unsere innere Einstellung mit unserem Erfolg zu tun hat? „Wir sind, was wir denken", schrieb der römische Kaiser und Philosoph Marc Aurel. „Der Glaube versetzt Berge", steht schon in der Bibel. Das heißt, die Kraft der Gedanken beschäftigt die Menschen schon sehr lange. Für Hochleistungssportler und für uns Verkäufer trifft zu: Unsere innere Einstellung und Vorstellungskraft entscheiden über unsere Zukunft!

Nur wenn wir selbst an unseren Erfolg glauben und danach handeln, wird sich auch der Kunde überzeugen lassen. Erfolg entsteht im Kopf, nirgendwo sonst!

Zur positiven inneren Einstellung zählt neben der optimistischen Grundhaltung auch die positive Einstellung unseren Kunden gegenüber.

Stellen Sie sich vor, Sie haben ein neues Verkaufsgebiet übernommen. Von Ihrem Vorgänger steht Ihnen eine Kundenkartei mit persönlichen Notizen und Informationen zur Verfügung. Zu dem Kunden, den Sie gleich besuchen werden, lesen Sie folgende Informationen: „Herr Direktor Senf ist sehr arrogant, seine Verhandlungstaktik ist undurchsichtig, außerdem ist er feige und habgierig." Dies weist auf schlechte Beziehungen zu seinen Mitmenschen hin.

Wenn wir einem Kunden eine negative Eigenschaft zuordnen, prägt das unsere Einstellung zu ihm. Diese hat Einfluss auf unser Verhalten in der Verhandlung und damit auf unseren Erfolg.

Unsere positive innere Einstellung einem schwierigen Kunden gegenüber erhöht die Wahrscheinlichkeit, dass wir den richtigen Ton treffen, die richtige Strategie wählen und am Ende den Auftrag bekommen.

Haben Sie manchmal Schwierigkeiten mit dem gleichen Gesprächspartner? Überprüfen Sie Ihre Gedanken und Ihre Einstellung ihm gegenüber. Versuchen Sie, positiv über ihn zu denken! Stellen Sie sich die Frage: „Was kann ich an ihm gut finden?" Dann formulieren Sie vielleicht:

Arrogant?	Nein: selbstbewusst und willensstark
Undurchsichtig?	Nein: diplomatisch und diskret
Feige?	Nein: vorsichtig und besonnen
Habgierig?	Nein: geschäftstüchtig, gewinnorientiert

Die aktuellen Sach- und Fachkenntnisse sind die Basis, um mit einem Kunden ein qualifiziertes Verkaufsgespräch zu führen. Es liegt in unserer persönlichen Verantwortung, uns selbst kontinuierlich mit den Themen zu befassen und uns aktiv um Informationen zu bemühen.

Die individuelle Gesprächsvorbereitung ist wichtig

Beginnen wir mit der Zielsetzung:
- Was will ich erreichen?
- Welche Themen sollen besprochen werden?
- Welche Produkte oder Leistungen will ich verkaufen, wie viele und zu welchem Preis?

Falls das Ziel kein direkter Auftrag sein kann:
Was sind unsere Teilziele?

- Die Schwierigkeiten, Wünsche und Kaufmotive des Kunden herauszufinden
- Eine Vertrauensbasis zuschaffen
- Den Kunden über Neuheiten zu informieren
- Eine Sonderaktion vorzustellen

Diese Teilziele können das Interesse für das Angebot und das eigene Unternehmen wecken.

Die nachfolgenden Punkte sollen uns helfen:

- Informationen über das Unternehmen des Gesprächspartners:
  - Kennzahlen wie zum Beispiel Umsatz, Ergebnis, Anzahl der Mitarbeiter
  - Position im Markt, Zielgruppen und Kunden, Ziele
  - Produkt- und Dienstleistungsangebot
  - Wettbewerbssituation (Schwächen und Stärken)
  - Kontakte und Verbindungen zu meinen Wettbewerbern
  - Finanzkraft, Liquidität
  - Organisation, Zuständigkeiten, Entscheider

❖ Habe ich Informationen zur Person des Gesprächspartners?
  - Name, Ausbildung (Titel), Werdegang
  - Genaue Position und Entscheidungsspielraum
  - Welchen Einfluss hat er innerhalb des Unternehmens?
  - Wie weit gehen seine Kompetenzen?
  - Welche Zielsetzung verfolgt er?
  - Was erwartet er von dem Gespräch?
  - Worauf legt er Wert, was ist ihm wichtig?
  - Welche Hobbys hat er, was interessiert ihn?

❖ Wie kommen wir an zusätzliche Informationen?
  - Über Fachzeitschriften, Geschäftsberichte, Unternehmenszeitschriften, das Internet, eventuell die Tageszeitung.
  - Gab es früher schon Kontakte zu den Unternehmen? Wann, wer mit wem, Ergebnis?

❖ Welcher Zeitraum steht für das Gespräch zur Verfügung?

❖ Welchen Zeit- und Inhaltsplan stelle ich auf?

Wie gehe ich im Gespräch vor?

❖ Wie beginne ich das Gespräch?
❖ Welche Fragen stelle ich, um den Bedarf, die Wünsche und Motive meines Gesprächspartners zu erfahren?
❖ Welche Informationen kann ich weitergeben, die für meinen Gesprächspartner wichtig und interessant sind (zum Beispiel aktuelle Branchenthemen und Entwicklungen, standespolitische Informationen, geplante Änderung von Bestimmungen etc.)?
Doch Vorsicht: Vertrauliche Informationen sollten an dieser Stelle auch als solche behandelt werden.

- Welche Produkte oder Dienstleistungen will ich anbieten und welche Nutzenargumente setze ich bei diesem Kunden ein?
- Welche Einwände werden auf mich zukommen?
- Wie gehe ich mit den Einwänden um? Welche Antworten und Lösungen biete ich an?
- Welche Unterlagen und Verkaufshilfen setze ich wann ein? Manches Mal ist eine Zeichnung von Hand vor den Augen des Kunden wirkungsvoller als ein Hochglanzprospekt oder eine Präsentation am PC. Wählen Sie den Einsatz Ihrer Mittel individuell aus!
- Welche Referenzen sind für meinen Gesprächspartner interessant?

FRAGE 7 Warum ist der erste Kontakt so entscheidend?

Das „Eisbergmodell"

Das Verhältnis von Vernunft und Gefühl stellte schon Sigmund Freud anhand des „Eisbergmodells" dar.

Die Besonderheit des Eisbergs besteht darin, dass nur zirka ein Siebtel zu sehen ist. Die restlichen sechs Siebtel bleiben uns verborgen, denn sie liegen unter der Wasseroberfläche.

Diese Eigenschaft lässt sich auch auf das menschliche Verhaltensmodell übertragen. Nur etwa ein Siebtel unseres Verhaltens erfolgt bewusst und ist geprägt von rationalen, logischen Entscheidungen. Der restliche Teil unserer Handlungen erfolgt unbewusst!

Ein Käufer sucht oft nachträglich nach logischen Gründen und Argumenten für seine Entscheidung, die er rein emotional schon längst gefällt hat, nur um seinen Verstand zu „beruhigen". Für das, was ein Mensch tut, gibt es zwei Gründe, einen plausibel erscheinenden und einen wirklichen!

Wie wirken wir auf andere?

Stellen Sie sich vor, Sie sind zu Hause, es läutet an der Tür, Sie öffnen und vor Ihnen steht ein Mensch, den Sie nie zuvor gesehen haben. Woran stellen Sie nun fest, wie Sie diesen Menschen einschätzen?

Aussehen, Kleidung, Gesichtsausdruck, Blickkontakt, Sprachmelodie, Wortwahl, der Koffer oder was er auch sonst noch dabei hat: Was er uns in Worten sagt, nehmen wir emotional nur zu sieben Prozent der Gesamtheit auf. Alles andere sind seine Körpersprache (55 Prozent) und seine Sprachmelodie (38 Prozent).*

Gerade beim ersten Kontakt spielt die unbewusste Bewertung eine große Rolle, ob wir überhaupt mit dem Mitmenschen an der Vordertür weiter in „Verhandlungen" treten. Nichts anderes passiert uns im Verkaufskontakt mit dem Kunden. Welche nonverbalen Verhaltensweisen gilt es zu beachten?

Äußeres Erscheinungsbild

„Kleider machen Leute" – auch das ist ein altes Sprichwort, das jeder kennt. Noch heute trifft es zu! Wenn Sie zum Zahnarzt gehen, fühlen Sie sich dann wohl, wenn er in zerbeulter Jogginghose auf Sie zukommt und Ihnen mit klebrigen Fingern die Hand schüttelt?

Fazit: Tragen Sie einen Anzug, werden Sie behandelt wie ein Anzug, tragen Sie eine Jeans, werden Sie behandelt wie eine Jeans!

Aufgrund des ersten Eindrucks „sortiert" das Unterbewusstsein unseres Gesprächspartners uns in eine Schublade. Kleiden Sie sich also immer einen Touch korrekter, als der Kunde es erwartet.

Die Körpersprache – der Spiegel unserer Seele

Der Körper lügt nicht! Einerseits lernen wir, die körpersprachlichen Signale unseres Gesprächspartners zu deu-

* Dazu auch Jan L. Wage: „Körpersprache, Erfolgsinstrument im Verkauf", Signum, Wien 1998.

ten und andererseits erkennen wir, wie wir auf unser Gegenüber wirken und wo wir vielleicht durch falsche Körpersignale unnötige Barrieren aufbauen.

Wie wirkt unsere „Mundsprache" auf unsere Gesprächspartner?

Der Klang unserer Stimme wirkt in weit höherem Maße als das, was wir sagen. Die Sprechtechnik umfasst Stimmmelodie und Sprechtempo. Auf welche rhetorischen Mittel lohnt es sich zu achten?

❖ *In der Kürze liegt die Würze!*
Je genauer und präziser wir uns ausdrücken, umso eher versteht uns unser Gesprächspartner. Punktgenaue und klare Formulierungen sind der Grundstein für erfolgreiche Gespräche.

❖ *Fachjargon und „Technoton-Chinesisch" vermeiden wir!*
Welche Gefahr steckt darin? Unser Kunde kann unseren Ausführungen unter Umständen nicht folgen. Er wartet, bis endlich ein Verkäufer kommt, dem er folgen kann.

❖ *Sprechpausen gehören auch zur Sprache!*
Was erreichen wir mit Punkt und Komma? Das Gesagte bekommt Wirkung und Bedeutung. Unser Gesprächspartner kann das Gesagte „verdauen" Wir steigern die Spannung und erhalten die Aufmerksamkeit unseres Gesprächspartners.

❖ *Auf unsere Sprechgeschwindigkeit achten wir*
Was passiert, wenn wir als Hochgeschwindigkeitsredner auf einen langsam sprechenden Kunden treffen? Sie wissen es. Wie wird wohl die Gesprächsbeziehung sein, wenn jeder seinem Stil treu bleibt? Zwei

„Kulturen“ stoßen dann aufeinander! Für uns heißt das: Sprechgeschwindigkeit anpassen, jedoch nicht unbedingt kopieren!

Pro und kontra Dialekt

Dialekt bringt ein Stück Menschlichkeit in die Verhandlung, solange die Sprache klar und deutlich bleibt. Gerade bei überregionalen Kontakten ist ein anderer Akzent oft eine willkommene Gelegenheit für einige persönliche Worte.

Wird in Ihrem Dialekt manchmal genuschelt? Hier gibt es eine gute Übung: flüstern. Zur Übung jeden Tag zehn Minuten einen Text flüsternd lesen – und nach zwei Wochen haben Sie eine deutlich verbesserte Aussprache.

Wiederholungen wirkungsvoll einsetzen

Unserem Unterbewusstsein scheinen Wiederholungen grundsätzlich glaubwürdiger. Selbstverständlich wollen wir die wichtigen und richtigen Informationen auf diesem Weg im Gedächtnis unserer Kunden verankern. Oft genug gehört, prägt sich das Gehörte in unserem Langzeitgedächtnis ein.

Beziehungskiller in der Kommunikation

Wir leben alle auf dieser Welt, doch jeder lebt in seiner eigenen! Jeder sieht die Dinge „aus seiner Welt mit seinen Augen“ – damit vielleicht anders als wir. Hier heißt es, die Gefühle des anderen beachten und anerkennen, auch wenn wir anderer Meinung sind. Dem Gesprächspartner wollen wir das Gefühl vermitteln, dass er angenommen, verstanden und respektiert wird, auch wenn wir anderer Meinung sind.

Der Kunde im Mittelpunkt unserer Formulierungen?

Das Wort „ich" gehört zu den am häufigsten gebrauchten Worten. Wir stellen uns gern in den Mittelpunkt, berichten über uns, unser Unternehmen, unsere Produkte und Dienstleistungen. Doch was folgt dann oftmals auf die Selbstdarstellung und Produktpräsentation? „Wir überlegen es uns, lassen Sie uns Unterlagen hier, wir melden uns bei Ihnen." Und damit ist der Kontakt erst einmal beendet. Stellen wir ab sofort den Kunden in den Mittelpunkt unserer Formulierungen und sprechen ihn persönlich an. Die einfache Empfehlung lautet: Statt „ich", „wir", „mein", „unser" verstärkt „Sie" und „Ihr" einsetzen.

Wer fragt, der führt

Monologe langweilen und führen selten zum Ziel. Der Dialog entsteht durch Fragen. Kunden erwarten heute den partnerschaftlichen Dialog mit dem Verkäufer und Lieferanten. Wer fragt, der führt zwar, es ist jedoch wichtig, dass wir jedes Gespräch mit dem Kunden entsprechend vorbereiten und uns genau überlegen, welche Fragen wir stellen, und diese vorzugsweise in Stichpunkten formuliert auf einem Notizblock als Gedächtnisstütze bei uns haben.

FRAGE 8

Was ist wichtiger: gut reden oder gut hinhören?

„Reden ist Silber, Schweigen ist Gold!" – eine alte Kamelle wie aus Urgroßvaters Zeiten? Nein, auch heutzutage gehört das Schweigen zu den wichtigsten Äußerungen der menschlichen Sprache.

Was heißt das für uns Verkäufer? Sollen wir denn ständig schweigen? Nicht ständig aber mindestens so viel, dass der Kunde wenigstens 50 Prozent der Zeit, die wir mit ihm zusammen sind, selbst spricht, von seinem Unternehmen, seiner gegenwärtigen Situation und seinen Motiven.

Wie sollen wir es dann schaffen, den Kunden von unserem Angebot zu überzeugen? Wir werden es schaffen, und zwar bei einer viel entspannteren und lockereren Atmosphäre.

„The Forum Corporation" ist bei einer groß angelegten Befragung unter Kunden der unterschiedlichsten Branchen zu folgendem Ergebnis gekommen:

Auf die Frage, welches Verkäuferverhalten die Kunden am meisten ärgere, gaben 39 Prozent der Befragten an, sich über Verkäufer, die nicht richtig zuhören und damit ihre wirklichen Wünsche nicht richtig verstehen, verärgert zu sein. Woran liegt das? Weil die Menschen die Fähigkeit, die sie am meisten brauchen ... am wenigsten lernen.

Fähigkeit	erlernt in der Reihenfolge	gebraucht aber zu	wird gelehrt …
Schreiben	4	9%	am häufigsten
Lesen	3	16%	an zweiter Stelle
Reden	2	30%	an dritter Stelle
Hinhören	1	45%	am wenigsten

Durch welche Hinhör-Qualitäten zeichnen Sie sich aus? Antworten Sie bitte mit Ja oder Nein.

1. Im Verkaufsgespräch liegt mein Gesprächsanteil bei mehr als 50 Prozent.
2. Ich suche in den Ausführungen des Kunden immer Punkte, an welche ich anknüpfen kann. Wenn ich sie gefunden habe, feile ich gedanklich an meiner Erwiderung.
3. Während der Kunde spricht, beurteile ich im Stillen seine Darstellung nach „falsch“ oder „richtig“, „Unsinn“ oder „vernünftig“.
4. Ich gewinne sehr schnell den Überblick über die Kundensituation. Schon nach wenigen Sätzen weiß ich genau, wo den Kunden „der Schuh drückt“.
5. Es kommt häufiger vor, dass meine Erwartungen nicht erfüllt werden und plötzlich Dinge ins Spiel gebracht werden, die ich nicht vermutet hatte.
6. Meine Aufmerksamkeit sinkt, wenn der Kunde seine Lieblingsthemen anschneidet, die ich längst in- und auswendig kenne.
7. Es ist eine Zumutung, wenn der Kunde schnell wie ein Maschinengewehr spricht, Silben verschluckt

und nuschelt. Die Langsamsprecher sind auch nicht viel besser.

8. Äußerlichkeiten beeindrucken mich bei meinem Gesprächspartner sehr und lenken mich vom Thema ab.

9. Laute Geräusche und Hintergrundgespräche stören und lenken mich ab.

10. Es gelingt nicht immer, die persönlichen Schwierigkeiten außen vor zu lassen. Es kommt vor, dass ich, während der Kunde spricht, an Dinge denke, die nichts mit ihm zu tun haben.

Wenn Sie jetzt wirklich ehrlich zu sich waren und einige „Ja"-Antworten gegeben haben, sollten Sie sich darum bemühen, Ihre Hinhör-Qualitäten zu verbessern.

Was ist der Unterschied zwischen Zuhören und Hinhören?

Hinhören bedeutet so viel wie in den Partner hineinhören.* Seine Gedanken und Gefühle in dieser Situation erfassen, sich in den Gesprächspartner hineinversetzen. Ein „Zu-Hörer" lässt den anderen zwar reden, doch hört er nur auf das, was er mit seinen eigenen Erfahrungen und seiner Persönlichkeit erfassen kann. Ein wirklich aufmerksamer „Hin-Hörer" gewinnt neue Erkenntnisse und Erfahrungen und lernt die Dinge auch aus anderen Blickwinkeln heraus zu betrachten.

Aktives Hinhören ist die Basis für die erfolgreiche Kommunikation. Es erfolgt in vier aufeinander folgenden Phasen:

* Lesen Sie auch Heidi M. Zöllig: „Verkaufen durch richtiges Zuhören", 1998 in dieser Reihe erschienen.

1. *Wahrnehmung* (die Schallwellen treffen auf unser Ohr)
2. *Interpretation* (kann zu Missverständnis oder Verständnis führen)
3. *Beurteilung* darüber, wie die Botschaft verwendet wird
4. *Reaktion* auf die Botschaft

Der Kernpunkt des aktiven Hinhörens besteht für uns als „Empfänger" der Botschaft darin, mit unseren eigenen Worten zu beschreiben, wie wir diese verstanden haben. Damit hat der „Sender" die Chance, mögliche Missverständnisse zu klären, und der Hinhörer signalisiert so, dass er den Ausführungen aufmerksam und interessiert folgt.

Die Kunst liegt darin, die Gesprächsführung auszugleichen, also „in der Waage" zu halten. So erzielen wir die Aufmerksamkeit unseres Partners und erhalten sein Interesse während des ganzen Gesprächs.

❖ Wir hören aktiv hin.
❖ Wir aktivieren unseren Partner mit offenen Fragen.
❖ Wir sprechen kurz und knapp.
❖ Wir formulieren ohne Fachchinesisch und Abkürzungen.
❖ Wir sprechen partnerorientiert in der „Sie"- oder „Wir"-Form.
❖ Wir sprechen „das Auge" unseres Gesprächspartners an.

Hören Sie auch dann genau hin, wenn der andere nicht spricht – das sagt oft mehr als tausend Worte!

FRAGE 9

Warum und wann kaufen Kunden?

Bedarf und Angebot

Kunden kaufen, wo Bedarf und Angebot in ihrem Bewusstsein in einem richtigen Verhältnis stehen. Dieser Moment kann über den ganzen Tag, wie auch während der ganzen Nacht entstehen. Unsere Herausforderung ist, diesen Moment zu erwischen!

Aber haben Sie nicht auch schon einmal etwas Teureres, etwas Zusätzliches oder auch nur überhaupt etwas gekauft, das Sie ursprünglich nicht geplant hatten? Wenn ja: Wann ist das Kaufbedürfnis entstanden?

Die Maslow'sche Pyramide

Ich wiederhole sie einmal, obwohl sie wissenschaftlich angefochten ist. Abraham Maslows Wunschvorstellung war stärker als seine Wirklichkeitsanalyse. Trotzdem benutzen wir sein gedankliches Modell, ohne es als Hierarchie zu bezeichnen.

- An der Basis der Pyramide finden wir die physiologischen Bedürfnisse: Wasser, Luft, Essen, Behausung, Wärme und Bekleidung.
- Auf zweiter Stufe stehen die Sicherheiten: Leben ohne Angst, Gewährleistung und Sicherheit der Befriedigung der physiologischen Bedürfnisse im späteren Leben.
- Die sozialen Gründe nehmen die dritte Stufe ein:

Liebe, Freundschaft, Zuneigung, Akzeptanz, Zugehörigkeit, Anerkennung.

- An vorletzter Stelle finden wir unsere Ego-Bedürfnisse: Unabhängigkeit, Achtung, Kompetenz, Selbstbestätigung, Prestige, Status und Macht.
- Die Spitze der Pyramide wird besetzt durch Selbsterfüllung, Entwicklung, Wachstum und Kreativität.

Das Unternehmen, in dem wir arbeiten, braucht nicht immer seine Produkte möglichst billig herzustellen und zu einem einzigartig niedrigen Preis anzubieten!

Unser Konsument ist kein „Homo economicus"

Weil der Konsument kein „Homo economicus" ist, kauft er eventuell eine Cartier-Uhr, eine Prestige-Krawatte und einen Louis-Vitton-Koffer, auch wenn etwas Billigeres in den Augen seines Kollegen ausgereicht hätte.

Für fast jedes Produkt findet ein Käufer seine eigenen Gründe. Das Auto wird von dem einen Kunden wegen seiner Sicherheit geschätzt, eine zweite Kundin findet die Innenausstattung bestechend, einem dritten ist die Beschleunigung das Wichtigste und ein vierter überlegt, dass der Gebrauchswert bei einer Neuanschaffung attraktiv ist.

Die theoretische Kenntnis der Motivationshintergründe nützt also nur, wenn es sich um ein reines Nutzprodukt, zum Beispiel Schrauben und Muttern, handelt. Unsere Kunst besteht darin, genau zu erkennen, woher der Kunde kommt und wohin er will!

Was brauchen wir Verkäufer nun, um ein gutes Spiel zu spielen? Erstens, die Bereitschaft dazu, unseren Kunden kennen zu lernen und zweitens, seine individuellen Motive herauszuarbeiten.

Diesen Punkt setze ich voraus, sonst wären wir nicht Verkäufer geworden.

Dann kommt der Weg zum Kunden

Wir nehmen auf eine für den Kunden interessante Art und Weise Kontakt auf. Beim Anblick eines Aquariums fragen wir nicht, ob der Kunde auch Fische liebt. Ziemlich banal! Wie oft fangen wir jedoch Gespräche mit Standardformulierungen an? Mit Fragen zu aktuellen Geschehnissen am Markt und neuesten Informationen dazu begeistern wir unsere Kunden sicherlich bedeutend mehr.

Wir klären die aktuelle Situation unseres Kunden genau ab. Was bewegt ihn, was ist für ihn wichtig, wo hat er eine schwierige Situation zu lösen?

Wir machen unserem Kunden seine Situation, die Aufgabe oder Herausforderung bewusst. Wir führen ihm vor Augen, was es bedeutet, diese Punkte nicht erledigt zu haben.

Jetzt kommt aber das Hauptthema

Mit der motivorientierten Nutzenargumentation zeigen wir unserem Kunden auf, warum es für ihn sehr gut ist, mit uns zusammenzuarbeiten und unser Produkt oder unsere Dienstleistung zu kaufen, und zwar mit Übersetzungsformeln wie:

- „… das steigert Ihren Umsatz“
- „… das sichert Ihre Wettbewerbsfähigkeit“
- „… das spart Ihnen Ressourcen“
- „… das verbessert Ihre Marktposition!“

Wir stellen dem Kunden eine offene Frage zu seinem persönlichen Nutzen, den positiven Auswirkungen für ihn und sein Geschäft. Mit dieser Frage schicken wir ihn gedanklich in die Zukunft. So „verkauft“ er seinen Nutzen nochmals selbst. Die Entscheidung fällt er eher selbstverständlich!

Dann kommt der Abschluss

Wir danken ihm für den Abschluss. Doch Profis gratulieren nicht sich selbst sondern ihrem Kunden zu seiner Entscheidung! Denn der Kunde braucht Sicherheit und Wertschätzung. Ein aufrichtiges Kompliment bildet also die beste Grundlage für einen erfolgreichen Verkauf und somit für eine langfristige Partnerschaft.

Warum und wann kaufen Kunden also?

Die Antwort auf die Eingangsfrage ist sehr vielschichtig. Hier ist Raum für Individualität, vor allen Dingen Sensibilität – hier ist Raum für uns Verkäufer. Wir wissen, was hinter der Behauptung „… dann kaufen Kunden!“ steht, weil wir auch die nachstehende Frage stellen und natürlich auch die Antwort kennen: „Wann kaufen wir unsere nächsten Kunden?“

Trotzdem kaufen nicht alle Kunden bei uns, und damit müssen wir uns im ersten Moment grundsätzlich abfinden. Aber wir Verkäufer wissen dennoch, dass jede „Niederlage“ ein Meilenstein auf dem Weg zum künftigen „Sieg“ ist. Somit wird unsere so genannte „Niederlage“ zum „Etappensieg“, weil wir die nächste Etappe gründlich vorbereiten. Der echte Verkaufsprofi kombiniert Vorbereitung mit Nachbereitung, und zwar in selbstkritischer Betrachtung.

Kunden kaufen bei Siegern, bei den Starken, die selbstkritisch auch ihre Schwächen durchschauen!

FRAGE 10 Wie präsentieren wir unsere Produkte und Dienstleistungen?

Die Produkt- oder Dienstleistungspräsentation zählt zu den Schlüsselelementen im Verkaufsprozess.

Was „Präsentieren" bedeutet, ist vielfältig zu beantworten:

- ein Produkt zu zeigen oder darzustellen
- mit Unterlagen, Zahlen, Daten und Bildern das Thema vorzustellen
- die Zuhörer und Zuschauer zu überzeugen
- Zuhörer für uns zu gewinnen

Wenn wir diese Gedanken bis zum Ende weiterführen, kommen wir zum Schluss: Präsentieren heißt verkaufen. Jede Form der Präsentation ist „Verkauf". Denn Ziel ist immer, den oder die Zuhörer für uns, unser Unternehmen und unser Produkt oder unsere Dienstleistung zu begeistern, zu überzeugen und zu gewinnen.

Dabei ist eine wichtige Voraussetzung: Nur was wir verinnerlicht haben, können wir auch veräußern.

Wenn wir von dem, was wir präsentieren auch selbst überzeugt sind, schaffen wir es, unsere Zuhörer zu überzeugen. Nur wer selbst brennt, kann andere entzünden.

Was ist für eine erfolgreiche Präsentation wichtig?

Der Erfolg einer Präsentation hängt im Wesentlichen davon ab, wie gut wir den Zuhörer oder Kunden treffen.

Es ist wichtig, dass er unsere Ausführungen gut in sein Weltverständnis übernehmen kann. Es ist erforderlich, seine „Welt“ zu kennen und zu verstehen. Woher kommt er, welche Vorkenntnisse und Erfahrungen bringt er mit, worauf legt er Wert, was ist ihm wichtig, welche Motivstruktur treibt ihn?

Diese Fragen und ihre Antworten stellen die Basis für die Vorbereitung unserer Präsentation.

Es gibt keine Standardpräsentation!

Für den erfolgreichen Verkäufer gibt es keine Standardpräsentation, obwohl wir deren „Komponenten“ gründlich beherrschen sollen!

Mit der ausführlichen Analyse der Kundensituation des Unternehmens, der Angebotssituation und der individuellen persönlichen Situation unseres Gesprächspartners schaffen wir die Basis für eine erfolgreiche Angebotspräsentation. Eine Analyse bedeutet an erster Stelle: Fragen, fragen, fragen!

Es gelingt erst dann, eine Tür zu öffnen, wenn der Schlüssel genau passt. Der Schlüssel ist die Darstellung unseres Angebots – das Schloss ist die Aufgabenstellung unseres Kunden. Mit einem schlecht hergestellten Schlüssel geht das beste Schloss kaputt!

Wie bauen wir unsere Präsentation wirkungsvoll auf?

Im ersten Schritt starten wir mit der Beschreibung der Aufgabenstellung des Kunden. Mit unseren eigenen Worten, Skizzen oder Folien beschreiben wir unser Verständnis der Aufgabenstellung und der Zielsetzung des

Kunden. So stellen wir sicher, dass wir die Situation des Kunden richtig erfasst haben und nachfolgend unser Angebot ins Schwarze trifft.

Erst im zweiten Schritt, nachdem uns der Kunde bestätigt, dass wir die Aufgabe richtig verstanden haben, folgt die Beschreibung unserer Lösung. Schon in Vorgesprächen wurden die herausgearbeiteten Schwerpunkte und Motive des Kunden berücksichtigt.

Wir halten uns konsequent an die Formel:

- vom Produktmerkmal
- über den Vorteil
- zum individuellen Nutzen für den Kunden

Im dritten Schritt zeigen wir an kundenbezogenen aktuellen Referenzbeispielen die Leistungsfähigkeit unserer Lösung.

Einleitung und Abschluss

Wir rahmen die drei oben genannten Punkte mit einer spritzigen Einleitung und einem krönenden Abschluss ein. Der Einstieg gibt beim Kunden den Impuls, ob er bereit ist, unseren Ausführungen zu folgen. Eine kleine Anekdote, die kurze Schilderung einer eigenen Erfahrung, sichert dem Produkt einen positiven Einstieg und eine gute Atmosphäre für unser Thema.

Die Vorführung soll auch drastisch gestaltet werden. Ich kenne das Beispiel, in dem sich der Kunde über die mangelnde Bruchsicherheit der herkömmlichen Produkte der Branche beschwerte. – Meinem Kollegen fiel zu Beginn seiner Produktpräsentation grundsätzlich sein Gerät mit ordentlichem Schwung zum Boden.

Der letzte Eindruck bleibt!

Deswegen fragen wir den Kunden gleich nach der gelungenen Präsentation nach dem Abschluss! Manchmal ist es schwierig, eine Entscheidung zu erhalten, besonders wenn es sich um eine Gruppe von Zuhörern handelt. In diesen Fällen stellen wir den Beteiligten eine „hypothetische" Frage.

„Nur mal angenommen, meine Damen und Herren, Sie treffen heute einen Kollegen, der leider unsere Präsentation verpasst hat. Dieser Kollege fragt Sie nun: ‚Wie war das denn, diese Präsentation?' Wie würden Sie auf diese Frage spontan antworten?"

Was erreichen wir mit dieser Hypothese? Zumindest eine Richtung oder auch den einen oder anderen Hinweis, wo es noch nachzuarbeiten gilt.

Das Thema „Präsentation" ist vielfältig und spannend. Wenn es uns gelingt, mit dem Kunden im Dialog zu bleiben, so ist die Chance auf einen gemeinsamen Lösungsweg am größten.

FRAGE 11 Wie reagieren wir auf Gegenwind?

Natürlich befinden sich auf dem Verkaufsweg kleine Hindernisse, die uns am direkten Verkaufserfolg hindern.

Fühlen wir uns bei jedem Gespräch erneut betroffen und getroffen, wenn unser Gesprächspartner uns mit seinen Einwänden und Argumenten am Erfolg hindert? Ringen wir um die richtige Antwort und sind nach dem Gespräch unzufrieden und unglücklich?

Ab sofort machen wir das anders!

Schon im Monat Februar wissen wir, dass Heiligabend in diesem Jahr auf den 24. Dezember fällt. Ebenso präzise kennen wir schon im Voraus die meisten Argumente unserer Kunden, bevor sie ausgesprochen werden. Wenn wir sie kennen, können wir uns auf sie vorbereiten.

Die mentale Vorbereitung ist enorm wichtig.

- Wir betrachten die Argumente und Einwände unserer Gesprächspartner als Meilensteine auf dem Weg zu unserem Erfolg: als willkommene und wichtige Ereignisse!
- Wir betrachten sie als Gradmesser für das Interesse an unserem Angebot. Ein Kunde, der nie einen Einwand bringt, wird nicht kaufen.
- Manchmal testen unsere Gesprächspartner mit ihren Argumenten nur, wie wir selbst zu unserem Angebot stehen.

- ❖ Also freuen wir uns ab sofort über das „Salz in der Suppe“ bei unseren Gesprächen.

Die „Kategorie“ der Argumente gegen unseren Vorschlag oder unser Angebot ist wichtig. Wie unterscheiden wir zwischen Bedingungen, Einwänden und Vorwänden?

Was sind Bedingungen?

Es handelt sich um nachvollziehbare, messbare oder beweisbare Fakten, welche wir mit unserem Angebot nicht erfüllen. Wir sollten nur zuerst herausfinden, ob wir uns der Bedingung beugen müssen, und uns in diesem Fall vom Kunden verabschieden. Vielleicht handelt es sich aber um einen Vorwand, der beseitigt werden kann.

Wenn wir nur rote Dachziegel im Sortiment führen, der Kunde aber anthrazitfarbige verlangt, dann hat ein Streitgespräch vielleicht keinen Zweck. Im Bebauungsplan in einem Neubaugebiet sind Anthrazitziegel vorgeschrieben. Mit der einfachen Frage, aus welchem Grund für den Kunden gerade Anthrazitziegel wichtig sind, bleibt uns nur der „Rückzug“ aus dem Projekt!

Was sind Einwände?

Es sind Argumente gegen unser Angebot, die manchmal auf fehlenden oder falsch verstandenen Informationen beruhen. Es sind in diesem Fall Kaufsignale, und diese lassen sich klären. Nach der Aufklärung steht der Partnerschaft meist nichts mehr im Weg.

Was sind Vorwände?

Es sind „Wände“, hinter welchen sich der Kunde zu verstecken sucht. Psychologisch betrachtet, ein Fluchtmanöver und eine rein emotionale Reaktion, häufig aus Angst oder Höflichkeit!

Emotionale Reaktionen lassen sich mit rationalen Argumenten nicht „behandeln". Wenn wir dem Kunden die „Wand" wegziehen, fühlt er sich ertappt und angegriffen. Damit stellen wir ihn bloß und müssen mit verärgerten Reaktionen rechnen.

Die „hypothetische" Frage

Damit finden wir heraus, wie wir das Argument unseres Gesprächspartners einordnen.

Wir bieten unserem Gesprächspartner eine Hypothese in Frageform an. Bitte keinesfalls zusätzliche Lösungsvorschläge.

Kunde Altmann: „Ich kann die Maschine nicht kaufen, dazu fehlt mir das Geld."
Kollege Brinkmann: „Nehmen wir einmal an, Ihnen stünden die finanziellen Mittel zur Verfügung ...?"

Damit erreicht Kollege Brinkmann, dass sein Gesprächspartner meist reflexartig antwortet und er so dem wirklichen Grund einen Schritt näher kommt.

Kunde Altmann: „Genau genommen würde ich die Maschine dann auch nicht kaufen."
Kollege Brinkmann: „Was fehlt Ihnen noch für die Entscheidung?"
Kunde Altmann: „Die Beurteilung der Maschine in den letzten Testberichten war eher negativ."

Jetzt kennt unser Freund Brinkmann den wahren Grund und ist in der Lage, diesen Einwand rational zu „behandeln".

Nonverbale Verhaltensempfehlungen

Das aktive Hinhören habe ich schon in einer anderen Frage behandelt. Es hat in diesem Zusammenhang eine sehr große Bedeutung.

In welchem Zusammenhang bringt der Kunde den Einwand, wie ist seine Stimme, weicht er unserem Blick aus?

Wir lassen den Kunden aussprechen und hören ihm bis zum letzten Wort aufmerksam zu, ohne schon im Kopf eine Antwort zu formulieren. Mit Blickkontakt und Notizen signalisieren wir, dass wir den Punkt sehr ernst nehmen.

Wir halten unsere Emotionen im Griff, besonders wenn wir mit Einwänden zu rechnen haben.

Wenn wir einen Einwand des Kunden auf emotionaler Ebene empfangen, besteht die Gefahr, dass wir ebenso emotional zurückschießen und damit den Kunden treffen. Daher betrachten wir jeden Einwand als berechtigte Frage des Kunden. So schaffen wir es, das Gespräch ohne emotionalen Ballast zu führen.

Reaktions- und Antwortstrategie

Widerspruch vermeiden
„Druck erzeugt Gegendruck." Mit Widerspruch oder Verteidigung erhöhen wir den Druck. Dieser macht sich dann in emotionalen Reaktionen und Antworten Luft. Viel effektiver ist es, mit einer dezenten Anerkennung und ohne Bewertung den Einwand des Gesprächspartners anzunehmen:

- „Sie sprechen einen wichtigen Punkt an …"
- „Sie kennen sich sehr gut mit dem Thema aus …"

Kundenaussagen wiederholen
Besonders bei komplexen Themen ist es hilfreich, dass wir mit unseren Worten wiederholen, was wir verstanden haben. Nur so stellen wir sicher, dass wir dann auch genau auf den Punkt antworten, der noch geklärt werden muss.

Entscheidend bleibt, dass wir die Mechanismen erkennen, uns auf die möglichen Argumente vorbereiten und uns keinesfalls auf einen „Kampf" mit dem Kunden einlassen. Sie kennen sicher den zynischen Spruch: „OP gelungen – Patient tot", der im Verkauf sein Ebenbild findet: „Debatte gewonnen – Auftrag verloren". Den Kampf mit dem Kunden hat noch nie ein Verkäufer gewonnen!

FRAGE 12 Wie erzielen wir den besten Preis?

Pessimisten sagen, dass sie keinen Einfluss auf den Preis hätten. Sie sagen, der Preis sei von ihrem Unternehmen festgelegt oder der Kunde diktiere ihn, daran könnten sie nichts ändern. Aber genau hier liegt der Knackpunkt! Weshalb?

Selbst bei fest definierten Preisen haben wir als Verkäufer Einfluss auf den Preis, den der Kunde bezahlt. Denn über das Produkt, für das sich der Kunde entscheidet, beeinflusst man auch den Preis, den der Kunde bezahlt.

Es gibt drei Varianten:

- Der Kunde kauft gar nichts, weil er seine Vorstellungen nicht erfüllt sieht oder von uns aus keine qualifizierte Hilfestellung bekommt.
- Der Kunde kauft das, was er selbst „findet" und was er für „preiswert" hält.
- Der Kunde gibt mehr Geld für ein Produkt oder eine Dienstleistung aus als ursprünglich geplant, weil wir entsprechend taktvoll und sensibel auf ihn eingehen und ihm seinen persönlichen Nutzen darstellen.

Die persönliche Einstellung

Die persönliche Einstellung ist ausschlaggebend für den Erfolg. Wer schon mit dem Gedanken: „Ich liege im Preis viel zu hoch" in die Verhandlung geht, hat schon verloren. Unsere Gedanken bestimmen unsere Zukunft.

Wie kann es denn derjenige, der schon selbst der Auffassung ist, dass sein Preis zu hoch ist, schaffen, seinen Gesprächspartner zu überzeugen? Nur wer selbst brennt, kann andere entzünden! Solange wir ohne Selbstvertrauen und Überzeugung für unser Angebot in die Gespräche gehen, sind wir „leichte" Beute für den Einkaufsprofi. Mit unserer inneren Einstellung verkaufen wir die Höhe des Preises. Nur wenn wir von uns, unserem Angebot und dem Preis selbst überzeugt sind, haben wir die Chance, zu verhandeln und eine gute Marge zu erzielen.

Der Kunde bezahlt nicht das Produkt oder die Dienstleistung, sondern nur den Nutzen und die individuelle Lösung, die er für sich erkennt. So interessiert sich der Kunde beim Kauf eines Staubsaugers nicht wirklich für den Staubsauger, sondern nur dafür, wie er die hartnäckigen Fusseln damit entfernen kann. Es ist wichtig, die Beweggründe, Wünsche und Motive des Kunden herauszufinden, um letztendlich die richtige Argumentation zu formulieren. Dass eine ausführliche individuelle Bedarfsanalyse vorausging, ist natürlich der logische Schluss.

Stellen Sie fest, dass Ihre Bedarfsanalyse nicht gut genug war, steigen Sie genau dort noch einmal in das Gespräch ein. Fragen Sie den Kunden, welche Punkte noch fehlen und weshalb diese für ihn so wichtig sind. Es ist einfacher und spart Zeit, das Gespräch noch einmal auf Bedarf und Motive zu lenken, um daraus das treffende Nutzenargument zu finden, als in zermürbenden, lang andauernden Preisverhandlungen den Kunden zu gewinnen.

Das leicht verdauliche Preismenü

In der richtigen Zusammenstellung liegt die Kunst. Wie setzen wir diese Erkenntnis in unser Verkaufsgespräch um? Wie bei einem Menü mit Vor-, Haupt- und Nachspeise kreieren wir unser Preismenü individuell für den Kunden – ganz nach seinem Gusto.

Als Aperitif servieren wir einen ersten persönlichen Vorteil mit Nutzen. Dann folgt das Zwischengericht, die Überleitung zum Hauptgang, also dem Preis, und sofort danach servieren wir den Nachtisch: zwei weitere persönliche Nutzen, den wichtigsten am Ende.

Übrigens, das „Zwischengericht" ist eine kleine Formulierung, die das Wort „Kosten" oder „kostet" ersetzen soll.

Statt „... kostet 325 Euro pro Stück", sagen wir:
„... bekommen Sie für 325 Euro pro Stück."

So wie der Espresso nach dem Essen anregend wirkt, setzen wir im Gespräch direkt an die „Nutzen-Nachspeise" eine Alternativfrage, welche den Kunden in unsere Richtung aktiviert.

„Diesen Aktenkoffer mit dem praktischen Zahlenschloss erhalten Sie in Ihrer Wunschfarbe für 156 Euro. Darin enthalten sind der passende Kofferanhänger und der schulterfreundliche Trageriemen. Wollen Sie den Koffer gleich mitnehmen oder sollen wir ihn in zwei Stunden zu Ihnen nach Hause liefern?"

Warum versuchen Kunden, den Preis zu drücken?

Meist versuchen Profi-Einkäufer, den Preis herunterzuhandeln.

Aber auch der ganz „normale“ Kunde versucht es immer häufiger! Welche Motive stecken dahinter?

- Er will günstiger als sein Wettbewerber einkaufen.
- Er will den Verkäufer taktisch besiegen.
- Er braucht einen Verhandlungserfolg für seine Position im Unternehmen und in der Familie.
- Er befürchtet, übervorteilt zu werden.
- Er testet unser Stehvermögen und damit die Ernsthaftigkeit unseres Angebots.
- Er hat die Erfahrung gemacht, dass handeln sich lohnt.
- Er verbirgt Einwände und Kritikpunkte hinter dem Preis.

Bevor Sie sich voreilig auf eine Preisdiskussion oder gar eine Preisreduktion einlassen, ist es wichtig herauszufinden, aus welchem Grund der Nachlass gefordert wird.

Keine Leistung ohne Gegenleistung!

Fragen Sie Ihren Kunden, worauf er verzichtet, damit Sie das Angebot entsprechend korrigieren können. Gibt es irgendein Produkt oder eine Dienstleistung auf dieser Welt, bei dem nur der Preis allein entscheidet? Und reagieren die meisten Kunden nicht ablehnend, wenn „Billigkeit“ unser wichtigstes Argument ist? Sie spüren intuitiv: Die Gesetze der Wirtschaft verbieten es, für wenig Geld viel Wert zu erhalten!

FRAGE 13

Wann ist die richtige Zeit für den Abschluss?

Immer! Immer! Immer!

Alles, was wir im Laufe eines Gesprächs sagen oder tun, schon von Beginn des Kundenkontakts an, ist schon ein Teil des Abschlusses. Die Frage nach dem Auftrag ist nur die logische Folge der Vorbereitung in unseren Gesprächen.

Jeder Baustein in der Beziehung zum Kunden, von der Motivsuche über die Bedarfsermittlung hin zur Nutzendarstellung und Einwandbearbeitung, bringt uns den Kunden näher.

Aus welchem Grund aber empfinden wir die Frage nach dem Auftrag oder Abschluss als schwer? Es kommt da eine Urangst des Menschen ins Spiel, die Angst vor Ablehnung, die Angst vor dem „Nein" des Kunden. Diese Angst liegt in unserer Erziehung und unserer Kindheit begründet. Ein Kind will nichts anderes, als beachtet und später gelobt zu werden. Das „Nein" des Kunden, allein die Vorstellung, lässt die Abschlussphase zu einem schier unüberwindbaren Hindernis wachsen.

Die konkrete Vorbereitung der Abschlussphase

Die Variationsmöglichkeiten und Abschlusstechniken sind vielfältig. Es gilt, möglichst mehr als eine oder zwei zu beherrschen, um den Kunden zum Abschluss zu führen. Wir machen uns vor dem Gespräch Gedanken darüber, wie der Kunde wohl reagieren könnte, und planen unsere Reaktion hierzu. Mit einer gezielten Vorbereitung, vor allem darauf, dass der Kunde vielleicht „Nein" sagt, ist die Abschlussphase leicht zu nehmen. Hier zeigt es sich, ob wir Hase oder Fuchs, also ein Abschlussamateur oder Abschlussprofi sind.

Der Weg zum Abschluss geht beim Kunden immer über Hoffnung, Träume, Ängste, Gefühle, Wünsche, Erwartungen, Möglichkeiten, Ziele und Motive.

Welche Fehler kosten oft den Abschluss?

Eng verknüpft mit unserer Ausgangsfrage nach dem Zeitpunkt für den Abschluss ist die Frage nach den Fehlern, die den Abschluss gefährden oder sogar verhindern.

- Wir sind zu ungeduldig und setzen den Kunden unter Druck. Damit setzen wir bei ihm ein „altes" Verhaltensmuster aus dem Urhirn in Gang: flüchten, angreifen oder sich totstellen. Er verlässt einen Laden und kommt nicht mehr zurück. Oder er geht auf Angriff und bringt uns eine Salve von Einwänden entgegen, die nicht rational bearbeitet werden können.
- Wir haben die individuellen Vorstellungen des Kunden nicht erkannt und diese Wünsche auch nicht berücksichtigt. Unser Angebot ist nicht der Schlüssel für sein Türschloss, für den Raum seiner Vorstellungen.
- Oftmals sind es kleine Verhaltensweisen, die den Kunden an uns oder unserem Unternehmen zweifeln lassen. Zum Beispiel:
  - Unzuverlässigkeit und Unpünktlichkeit, denn sie zeigen, wie wenig wichtig uns der Kunde ist

- Eine Präsentation oder ein Angebot in Fachchinesisch, in dem der Kunde sich wenig verstanden fühlt
- Wir haben zu wenig Fragen gestellt und damit den Kunden nicht mit einbezogen
- Wir haben, als der Kunde sprach, nicht aktiv hingehört und Notizen machten wir auch keine
- Schlimmer: Wir sind dem Kunden ins Wort gefallen
- Mangelnder Blickkontakt
- Wir haben den Wettbewerb schlecht gemacht

Fanden wir den richtigen Gesprächspartner?

Wenn wir nicht mit den richtigen Entscheidungsträgem sprechen, kann uns dies den Auftrag kosten. Gerade am Beginn eines Kontakts müssen wir herausfinden, wie die Entscheidungsstrukturen im Unternehmen liegen.

Was ist die Ursache unseres Erfolges?

Unsere Fehlerliste ist nicht vollständig, sie zeigt uns aber: Kleinigkeiten haben oft eine große Wirkung. Was ist aber in Zusammenhang mit dieser Liste positiv? Das, was zu Misserfolgen führt, kann uns – umgekehrt beachtet und eingesetzt – zum Erfolg führen!

Was sind Abschlusssignale?

- ❖ Der Kunde sucht selbst die Vorteile, welche für eine Zusammenarbeit sprechen, und spricht diese auch aus.
- ❖ Der Gesprächspartner überlegt in unserem Beisein, wie er unseren Auftrag im eigenen Haus am besten „verkauft".
- ❖ Die Frage nach Lieferzeiten und Serviceintervallen zeigt, dass der Interessent sich gedanklich schon als Anwender und Nutzer sieht.

Auch über die körpersprachlichen Signale lassen sich Abschlusswillen und Kaufsignale ablesen. So sind Kopfnicken und ein gelöster, freudiger Gesichtsausdruck Zeichen für Bestätigung und Interesse. Verbale Äußerungen wie „Das kann ich mir gut vorstellen", „Das passt genau zu unseren Vorstellungen" signalisieren Abschlussbereitschaft. Natürlich zeigen Fragen zur Technik, Ausbildung und Abwicklung, dass Interesse an unserer Lösung besteht.

Die Kaufsignale sendet der Kunde nicht erst am Ende des Gesprächs, sondern oftmals schon viel früher.

Wichtig sind in diesem Zusammenhang auch Kontrollfragen, die uns immer wieder helfen, so nahe wie möglich an den Kunden heranzukommen. „Wenn wir auch noch diesen Punkt zu Ihrer Zufriedenheit lösen, haben wir Sie dann hier und heute als Kunden gewonnen?"

Wenn wir den Abschluss nicht gleich erzielen

Bei langwierigen Verkaufsverhandlungen stellen wir uns darauf ein, mehrere Gespräche mit dem Kunden zu führen. Bei allen Kontakten ist es entscheidend, den Kunden immer wieder genau dort abzuholen, wo er steht. Seine in der Zwischenzeit gewonnenen Erkenntnisse zu erfragen, ihn immer wieder zu uns ins Boot zu holen, ist bei jedem Kontakt die Herausforderung.

Falls der Kunde, nachdem scheinbar alles geklärt ist, immer noch zögert, stellen wir ihm weitere Detailfragen. Wir zeigen ihm eine Sicherheit in Form von Referenzen und bereits zufriedenen Kunden.

Kein Monolog bitte!

Gerade auch in der Abschlussphase ist es wichtig, den Dialog mit dem Kunden zu suchen. Wir bringen unseren Gesprächspartner dazu, selbst positive Bestätigungen und Argumente für seine Entscheidung zu formulieren.

Was bringt den Kunden dazu, sich sofort zu entscheiden?

Überzeugende Referenzen, sicheres und sympathisches Auftreten mit Überzeugung, Vertrauen in Verbindung mit dem Ruf Ihres Unternehmens, Empfehlungen über Dritte, die mit Ihrem Unternehmen bereits erfolgreich zusammengearbeitet haben, sind Beweggründe für den Kunden, sich zu entscheiden. Es handelt sich um eine Fülle von Beispielen, welche uns helfen, schon im ersten Gespräch die Entscheidung herbeizuführen.

Darüber hinaus lassen sich mit zeitlich befristeten Angeboten oder limitierten Auflagen „künstlich" Rahmenbedingungen schaffen, die einen Auftrag beschleunigen.

Ob es uns gelingt, den Kunden im ersten Gespräch zum Abschluss zu bringen, hängt auch zu einem erheblichen Teil davon ab, ob wir selbst daran glauben und dementsprechend agieren.

FRAGE 14

Wie werden aus Reklamationen neue Verkaufschancen?

Reklamierende Kunden verdienen unseren Dank

Ein reklamierender Kunde ist kein Störenfried, sondern kann ein wichtiger Umsatzfaktor sein. Der Kunde gibt uns durch seine Beschwerde zu verstehen, dass er noch etwas mit uns zu tun haben will ... er könnte auch schon beim Wettbewerb sein!

Deswegen: Wenn unsere Reklamationsquote gering ist, beweist dies weder eine fehlerfreie Servicequalität noch eine große Kundenzufriedenheit!

Der Kunde gibt uns Hinweise für verbesserungsfähige Bereiche in unserem Unternehmen. Wenn wir die Beschwerde zu seiner Zufriedenheit lösen, dann haben wir einen besonders treuen Kunden für die Zukunft gewonnen.

Dazu einige Zahlen aus einer branchenübergreifenden Marktstudie der „University of California“:

- Nur 5 Prozent der unzufriedenen Kunden beschweren sich überhaupt.
- 95 Prozent wechseln schweigend den Lieferanten, wenn es ihnen möglich ist.
- Ein unzufriedener Kunde gibt dies im Schnitt an neun Menschen weiter.

Es gehört zu unseren verkäuferischen Aufgaben, Reklamationen im Sinne des Kunden und des Unternehmens zu lösen, auch wenn wir für die technischen Probleme vielleicht keine Verantwortung tragen.

Wie erledigen wir Beschwerden und Reklamationen?

Sollen wir uns eine Zeit lang nicht sehen lassen oder ruhig verhalten, sodass der Ärger der Kunden verblasst? Im Gegenteil! Um die Beschwerdesituation für uns und den Kunden positiv zu bewältigen, ist es wichtig, sich darauf vorzubereiten.

Jeder Mensch hat seine eigene, einmalige emotionale und menschliche Wahrnehmung in Bezug auf „seine Welt". Nicht wie die Dinge wirklich sind, sondern was sie in unserer Einstellung und Vorstellung sind, macht uns unzufrieden oder zufrieden. Dies gilt insbesondere dann, wenn wir die Erwartungen unseres Kunden nicht treffen.

Was in unseren Augen als „Kleinigkeit" erscheint, kann zu großen Gefühlen und der damit verbundenen Reaktion beim Kunden führen.

Wie reagieren unzufriedene Kunden?

- Sie werden laut.
- Sie haben den falschen Ton.
- Sie vergreifen sich in der Wortwahl.
- Sie sind misstrauisch.
- Sie reagieren rein emotional.
- Sie bleiben stur und beharren auf ihrem Standpunkt.
- Sie reagieren empfindlich auf Widerspruch und Rechtfertigung oder Schuldverschiebung auf einen Dritten.
- Sie übertreiben.
- Sie erinnern uns an die Fehler der Vergangenheit.

Wenn wir die Reaktionen unserer reklamierenden Kunden berücksichtigen, ergibt sich daraus für uns die Verhaltensempfehlung für den erfolgreichen Umgang mit unzufriedenen Kunden.

Was erwarten unzufriedene Kunden?

- Sie erwarten, wie jeder Kunde, grundsätzlich Freundlichkeit.
- Sie erwarten auch eine bevorzugte Behandlung, schließlich sind sie durch uns in eine unangenehme Situation geraten.
- Sie erwarten, ernst genommen zu werden. Aktives Hinhören ist für uns in diesen Situationen besonders wichtig!
- Sie erwarten von uns viel Verständnis für ihre unangenehme Situation.
- Sie erwarten auch, dass die Nachbesserung oder der Tausch schnell erfolgen.
- Sie erwarten eine Wiedergutmachung für die entstandenen Unannehmlichkeiten.
- Sie erwarten, dass gemachte Versprechen eingehalten werden.
- Sie erwarten eine Entschuldigung von uns.
- Sie erwarten, dass wir Maßnahmen ergreifen, um solche Situationen in der Zukunft zu vermeiden.

Diese Erwartungen geben uns schließlich die Chance, es beim nächsten Mal besser zu machen.

Einige Verhaltensregeln

- *Aktiv und konzentriert hinhören!*
  Die ersten fünf Sekunden entscheiden über den Verlauf des Gesprächs. Deshalb ist es besonders wichtig, hier den Kunden sprechen zu lassen. Unsere Aufgabe ist es,

in dieser Phase konzentriert und aktiv hinzuhören. Dazu gehört es, Notizen zu machen, um alle Punkte zu erfassen und später gezielte Fragen formulieren zu können.

- *Den Kunden unbedingt aussprechen lassen!*
  Wenn der Kunde seine Geschichte „von A bis Z“ erzählen will und wir unterbrechen ihn beim Buchstaben „K“, dann fängt er wieder bei „A“ an. Wir erfahren inhaltlich wahrscheinlich nichts Neues, doch es dauert umso länger!
  Der sachliche Austausch zum Beschwerdepunkt ist erst dann möglich, wenn die emotionale Ebene frei von Konflikten ist.

- *Den emotionalen Knoten lösen und Verständnis zeigen!*
  Dieser Punkt ist mit dem vorigen eng verknüpft. Erst wenn der emotionale Knoten gelöst ist, schaffen wir es, ein sachliches Gespräch zur Lösung der Thematik zu führen.

- In dieser Phase ist es auch wichtig, auf unsere „Selbstgespräche“ zu achten.
  In unserem Verhalten macht es einen großen Unterschied, ob wir denken: „Was für eine Unverschämtheit, mich in diesem Ton anzusprechen ...“, oder ob wir uns innerlich sagen: „Wie hart muss es den Kunden getroffen haben, dass er jetzt so reagiert!“

- *Wir sollten auf unsere eigenen Formulierungen achten!*
  „Sie müssen erst mal ...!“ – „Aber Sie sollten ...“ – „Das kann aber nicht sein ...“ – oder sogar auch nur: „Ja, aber!“: Dies sind Selbstmordreaktionen. Oftmals brechen dann erst die Emotionen richtig los!

- *Wir müssen den Sachverhalt genau erfassen*
  Dazu stellen wir offene Fragen und signalisieren dem Kunden die Wichtigkeit seiner Reklamation. Unsere

Notizen helfen uns, die wichtigen Dinge zu wiederholen, um dem Kunden zu zeigen: „Ich nehme dich ernst ...“

- *Gemeinsam mit dem Kunden arbeiten wir an der Lösung*
  Mit Alternativvorschlägen geben wir dem Kunden das Gefühl, dass er wählen kann. Wir holen ihn so aus der „leidenden“ Position in die aktive, mitentscheidende.

- *Aktionen und nächste Schritte festlegen*
  Der Kunde will Maßnahmen und Zeitfenster wissen, damit seine Situation gelöst wird, zum Beispiel: Was geschieht bis zu welchem Zeitpunkt?

- Zu guter Letzt danken wir dem Kunden für die Chance, die er uns bietet, um das Thema zu bereinigen.

FRAGE

15

Wie verkraften wir unsere „Niederlagen"?

Beim Wetter kennen wir Tiefdruck- und Hochdruckgebiete. Was in der Meteorologie die Hochs sind und für uns Menschen Sonne und schönes Wetter bedeuten, sind für uns Verkäufer die Erfolgserlebnisse.

Kein Erfolg ohne klare Zielsetzung

Wie viel Erfolg wir haben, lässt sich erst dann beantworten, wenn zuvor ein Ziel und auf dem Weg dahin Etappenziele festgelegt wurden. Aus dem Vergleich der Istsituation mit dem zuvor festgelegten Ziel ergibt sich dann der Maßstab für den persönlichen Erfolg.

Gibt es überhaupt „Niederlagen"?

Ich benutzte das Wort bis jetzt nur in Anführungszeichen. Sicher, es ist sehr schmerzlich, wenn der Wettbewerber das Rennen um den Auftrag gewinnt. Bringt es uns weiter, wenn wir wie ein verletztes Tier flüchten und in einer dunklen Ecke unsere Wunden lecken? Sicher nicht.

Die Analyse der Situation, zusammen mit Kollegen und Vorgesetzen, bringt neue Erkenntnisse und die Chance, es bei der nächsten Gelegenheit besser zu machen.

Niederlagen oder Misserfolge sind also Lernschritte auf dem Weg zum Erfolg. Entscheidend für die erfolgreiche Bewältigung von Niederlagen ist unsere persönliche Einstellung dazu. Der Wille, daraus zu lernen, ist der entscheidende Faktor. Nur wer einmal mehr aufsteht, als er hingefallen ist, wird sein Ziel erreichen!

Wie bewältigen wir Niederlagen gezielt?

Stellen Sie sich vor, Sie haben soeben einen großen Auftrag verloren.
Nehmen Sie ein Blatt Papier und schreiben Sie als Überschrift: „Ich habe einen großen Auftrag verloren." Teilen Sie jetzt das Blatt mit einer Linie von oben nach unten in zwei gleich große Spalten. Über die linke Spalte setzen Sie ein Minuszeichen und über die rechte ein Pluszeichen.
Beginnen Sie, in der linken Spalte all Ihre negativen Gedanken, die Ihnen spontan durch den Kopf gehen, zu notieren, zum Beispiel: „Nichts gelingt mir", „Ich kann gleich aufgeben".
Anschließend konzentrieren Sie sich auf positive Gedanken und notieren diese in der rechten Spalte. „Beim nächsten Mal klappt es bestimmt", „Ich habe Folgendes gelernt ...".

Diese Methode hilft, die negativen Gefühle auszudrücken und den Blick für die Zukunft frei und positiv zu machen.

Eine weitere Motivationsmethode ist in diesem Zusammenhang ist die individuelle Quotenberechnung. Aus Ihrer eigenen Erfahrung oder aus Erhebungen Ihrer Kollegen wissen Sie, dass im Schnitt zehn Telefonate erforderlich sind, um einen Termin zu bekommen. Für einen Auftrag sind im Schnitt vier Termine notwendig.

Wenn es nun Ihr Ziel ist, in einem bestimmten Zeitraum zehn Aufträge abzuschließen, ergibt sich folgende Aufgabenstellung:

Telefonkontakte:	400
Termine:	40
Aufträge:	10

Betrachten Sie solche Werte als Orientierung und Hilfestellung. Es ist immer günstiger, mehr als unbedingt erforderlich vorzuarbeiten, um das Ziel dann auch zu erreichen. Doch genau in den Motivationslöchern hilft die statistische Betrachtung der eigenen Leistung. Die Wahrscheinlichkeit, dass auf eine Phase des Misserfolgs wieder eine Phase des Erfolgs kommt, ist umso größer, je mehr Chancen wir uns selbst geben!

Auch wenn „unser Gebiet läuft" und wir unsere Kunden kennen, ist es wichtig, immer wieder neue Interessenten anzusprechen, um bei einem plötzlichen Auftragsausfall den Verlust zu kompensieren.

Wie pflegen wir unsere positive Stimmung?

Je positiver unsere Stimmung ist und je motivierter wir sind, desto leistungsfähiger sind wir! Stärken Sie deswegen Ihre eigene Identifikation zu Ihrem Angebot. Nur wer selbst überzeugt ist, schafft es, andere zu überzeugen.

Organisieren Sie Ihren Tagesablauf bewusst. Erledigen Sie unangenehme Dinge schnellstmöglich, denn solange Ihr Unterbewusstsein diese Last trägt, sind Sie nicht frei. Belohnen Sie sich für die Erledigung dieser Arbeiten. Versprechen Sie sich selbst einen guten Wein oder ein schönes Bier, wenn Sie am Ende eines Tages etwas Unangenehmes erledigt haben.

Arbeiten Sie an Ihrem Verkaufskonzept. Überdenken Sie regelmäßig Ihre Fragestellung, Argumentation und Einwandbehandlung. Die Welt verändert sich, so auch Ihre Produktpalette, der Wettbewerb und nicht zuletzt auch Ihre Kunden!

Erarbeiten Sie sich positive Leitsätze und lesen Sie sich diese regelmäßig durch. Drei Beispiele:

- „Die Höhe meines Erfolgs bestimme ich selbst."
- „Ich sehe einen Misserfolg als Wegweiser für den kommenden Erfolg."
- „‚Geht nicht' gibt's nicht."

Formulieren Sie positiv. Die Kraft des positiven Denkens wirkt Wunder. Solange Sie über ein „Problem" sprechen, wird es ein Problem bleiben und Sie treten auf der Stelle. Sprechen Sie von einer „Herausforderung", einer „Lösung für ...". Sie sind in Gedanken schon auf dem Weg in die positive Zukunft.

Feiern Sie Ihre Erfolge – jeden!

Es geht dabei nicht um die „großen" Feste, sondern um die bewusste Anerkennung der eigenen Leistung. Belohnen Sie sich, wenn Sie etwas erreicht haben. Gönnen Sie sich etwas Schönes, nicht Alltägliches. Wenn Sie danach gefragt werden, beschreiben Sie Ihren Erfolg – das bringt Selbstvertrauen. Denn entscheidend ist nicht, was wir an Fähigkeiten in die Wiege gelegt bekommen, sondern wirklich entscheidend ist, was wir persönlich daraus machen!

FRAGE 16

Wie machen Sie Ihre Kunden zu Ihren Verkäufern?

Die wohl schönste Art, Neukunden zu gewinnen, ist der Weg über Empfehlungen und Referenzen. Gibt es ein motivierenderes Kompliment eines kaufenden Kunden? Vielleicht denken Sie jetzt: „Das machen meine Kunden nie!" Dann meine Frage: „Wann haben Sie Ihren Kunden aktiv nach einem Referenzschreiben und einer Empfehlung gefragt?

Mit der Referenzmethode machen wir unsere Kunden zu unseren direkten Vermittlern. Egal in welcher Branche, welches Produkt oder welche Dienstleistung Sie verkaufen, es ist wichtig und vor allem sehr hilfreich, Referenzschreiben Ihrer Kunden zu besitzen. Nach dem Motto: „Über Zeugen überzeugen"!

Solange immer nur wir positiv über unser Unternehmen, Produkte und Dienstleistungen sprechen, stellt der Kunde sich in Gedanken die Frage: „Hört sich ja alles ganz toll an. Doch woher weiß ich, dass es auch wirklich so ist?" Um diese von unserem Interessenten gestellte Frage schon vorab beantworten zu können, setzen wir in Zukunft unsere Stammkunden und die nächsten gewonnenen Neukunden als aktive Vermittler für uns ein.

Wie kommen wir zu einem Referenzschreiben?

Die einfache Antwort lautet: Den Kunden danach fragen. Im Rahmen eines geplanten Betreuungsbesuchs besteht beispielsweise die Möglichkeit, den Kunden zu fragen: „Herr Meyenberg, wissen Sie, wie lange wir uns schon kennen?“

Meist kommt darauf nur eine vage Antwort.

„Herr Meyenberg. Unseren ersten Termin hatten wir am 13. November 1994.“ (Natürlich haben Sie recherchiert, ob das Datum stimmt!) „Seit dieser Zeit, seit nunmehr acht Jahren, arbeiten wir erfolgreich zusammen. Gestatten Sie eine persönliche Bitte und Frage an Sie: Sie sind also zufrieden mit meiner Betreuung und den angebotenen Produkten und Dienstleistungen?“

In 90 Prozent aller Fälle wird Ihr Kunde hierauf positiv eingehen. Falls nicht, haben Sie jetzt eine Gelegenheit, zu erfahren, wo der Kunde unzufrieden ist, welche Reklamationen er hat, und können somit Ihren Kunden für die Zukunft zufrieden stellen und noch besser betreuen.

Im Fall einer positiven Rückmeldung legen Sie jetzt nach: „Herr Meyenberg, dann habe ich heute eine kleine spontane Bitte an Sie: Tausend gesprochene Worte sind nie so gut wie ein Dreizeiler auf Papier. Kann ich solch einen Dreizeiler von Ihnen in Form eines kurzen Empfehlungsschreibens für meine Neukundenakquisition bekommen?“

Ihre Kunden werden, wenn Sie sie in der Vergangenheit gut betreut haben, fast immer „Ja“ sagen. Somit kommen Sie zu den besten Referenzschreiben überhaupt.

Außer dem Referenzschreiben, welches ein Kunde für Sie formuliert, gibt es eine weitere Möglichkeit, wie Sie Ihre Kunden zu Ihren Verkäufern machen. Sie fragen nach persönlichen Empfehlungen. Dies funktioniert nicht nur bei langjährigen Kunden – auch sofort nach einem erfolgreichen Abschluss besteht die Chance, diese Stimmung zu nutzen und den gerade gewonnenen Kunden nach Empfehlungen zu fragen.

„Herr Grünfeld, wir sind eben gemeinsam eine Partnerschaft eingegangen. Habe ich bei Ihnen jetzt eine persönliche Frage frei?"

Der Kunde wird hier die Frage meistens mit Ja beantworten, sonst hätte er Ihnen keinen Auftrag erteilt.

„Herr Grünfeld, was waren die drei Hauptgründe, dass Sie sich hier und heute für mich als Partner entschieden haben?"

Der Preis wird wahrscheinlich nicht als erstes Argument fallen. Der Kunde wird Ihnen meist drei Punkte nennen, bei denen Sie sich gegenüber Ihren Wettbewerbskollegen in der Beratung, Präsentation und Verhandlungsführung stark unterschieden haben. Der Preis ist nur ein Faktor von vielen anderen.

Dann fragen Sie: „Herr Grünfeld, sagen Sie mir bitte spontan drei Geschäftsfreunde oder Unternehmen, für die dieses Produkt oder diese Dienstleistung auch interessant sein könnte."

Oft nennt der Kunde Ihnen vielleicht mehr als drei Namen. Erfahrene Profis gehen weiter und sagen: „Sind Sie so gut und rufen gleich Herrn Blauberg der Wahlburg GmbH an und bereiten ihn darauf vor, dass ich mich in den nächsten Tagen bei ihm melde?"

Eine andere Vorgehensweise bringt noch mehr Informationen zu den neuen Namen.

„Herr Grünfeld, welchen der genannten Herren würden Sie zuerst anrufen?"

Dann schreiben Sie neben den Namen, welchen Sie zuerst mitnotiert haben, die Ziffer 1, blicken Ihren Gesprächspartner auffordernd an und er wird Ihnen seine Rangfolge sagen.

Der nächste Schritt ist aus meiner Sicht ein ganz besonders wichtiger, denn hier bekommen Sie unter Umständen ganz besondere Informationen, die Sie sonst kaum erfahren.

„Jetzt habe ich noch eine Frage, Herr Grünfeld. Aus welchem Grund würden Sie Herrn Blauberg zuerst anrufen?"

Hier unterscheidet sich auch noch einmal klar die Spreu vom Weizen, und zwar der Verkaufsamateur vom Verkaufsprofi.

Ein weiterer wichtiger Punkt, um in Zukunft Ihre Kunden kontinuierlich als aktive Referenzen zu nutzen, ist natürlich ein kleines Geschenk oder – wenn gesetzliche Regeln dies nicht verbieten – eine entsprechende Provision für einen vermittelten Auftrag. Mit dieser Freundschaftswerbung haben viele erfolgreiche Verkäufer in der Vergangenheit sehr gute Erfahrungen gemacht.

FRAGE 17

Was hat Fleiß mit Erfolg zu tun?

Was ist Fleiß? Was ist Erfolg?

Fangen wir einfach an. Nehmen wir den von uns allen so gewünschten Erfolg. Grundsätzlich können wir ihn folgendermaßen definieren: Erfolg ist, wenn ich ein quantitatives oder qualitatives Ziel innerhalb des dafür vorgesehenen Zeitrahmens erreicht habe. Das Ziel muss dabei immer konkret, messbar, zeitlich begrenzt und realistisch sein.

Unsere Ziele sollen hochgestochen sein

Es ist jedoch eine Selbsttäuschung, zu glauben, dass es ganz einfach ist, erfolgreich zu sein. Faulpelze setzen ihr Ziel möglichst niedrig oder gering an und lassen sich dafür mehr als ausreichend Zeit. Auf diese Art und Weise ist die Chance hoch, dass viel gelingt und sie so nach unserer Definition erfolgreich sind. Die Chance, dass sie im Beruf ein derartiges Vorgehen und Verhalten am Markt lange Zeit überleben, ist dagegen wieder relativ gering. Auf diese Weise gehen sie „erfolgreich" in den Untergang.

Erfolg verlangt Anstrengung und Konzentration

Konzentration, also gesteigerte Aufmerksamkeit, ist ohne eine gewisse mentale Vorbereitung nicht möglich. Gott sei Dank registrieren wir diese Anstrengung nicht als solche. Es ist für uns etwas Selbstverständliches, etwas Automatisches und schnell Ablaufendes. Immer wenn bei uns alles unbewusst abläuft, ist es zwangsläufig nie ein Thema. Trotzdem sind wir dabei, wenn Sie so wollen, sehr fleißig. In dem Moment, wo wir darüber nachdenken müssen, empfinden wir es manchmal eher als Last. Wir neigen dazu, Dinge aufzuschieben, vor allem dann, wenn sie uns nicht besonders populär erscheinen. Die Konzentration auf einen Punkt, ein Ziel also, ist möglicherweise noch einfach.

Der Weg zum Ziel ist nicht geradlinig

Die Verfolgung des Weges, der uns zu diesem Ziel bringen soll, ist jedoch oft sehr anstrengend, der Weg ist steil und schlängelt sich! Ein ursprünglich geplanter Weg scheint uns plötzlich nicht mehr weiterzubringen. Der Standort muss überprüft, auch die bereits zurückgelegte Wegstrecke nochmals überdacht werden. Welche Alternativen stehen zukünftig zur Verfügung? Welche weiteren, anderen, ergänzenden oder neuen Mittel können eingesetzt werden? Stimmen die Partner noch, mit denen das Ziel erreicht werden soll? Welche neuen oder zusätzlichen Herausforderungen bringt eine Kursänderung mit sich und wie kann ihnen begegnet werden?

Anstrengende Fragen über Fragen

Neben den grundsätzlichen Notwendigkeiten von Wissen und Kompetenz, gilt es nun, diese Fähigkeiten lediglich zu nutzen. Darin liegen zwei Fleißaufgaben. Weil wir beispielsweise wegen der Übernahme eines neuen Gebiets noch nicht das komplette erforderliche Wissen haben. Also müssen wir es uns erst erarbeiten, um dann zu dem Punkt zu kommen, wo wir es kontinuierlich ein- und umsetzen können.

Die Zeit ist die Herausforderung schlechthin

Zu Beginn dieses Kapitels habe ich es bereits erwähnt: Die Zeit ist die Herausforderung schlechthin. Haben Sie auch den Eindruck, dass es in unserem Beruf viele Leute gibt, die alle Zeit der Welt zu haben scheinen? Kaum etwas beeindruckt und noch weniger beschleunigt sie. Trotzdem wollen sie Erfolg haben, sie erwarten häufig, dass Selbstverständlichkeiten schon als Erfolg betrachtet werden.

Kennen Sie unseren Kollegen Fritz Frischling?

Unser Kollege Fritz Frischling übernimmt sein Gebiet in einem neuen Unternehmen. Eine stattliche Zahl von Wettbewerbern hat langjährige Mitarbeiter in diesem Gebiet sitzen. Parallel dazu hat Fritz Frischling die Firmenstrategie, hoffentlich eine Gebietsstrategie, und natürlich seine Geschäftsplanziele mit ins Marschgepäck gelegt bekommen.

Eine Informationswelle hat ihn erfasst und spült ihn auf die Straße, wo er schnell erkennt, was er noch nicht weiß und kann. Er krempelt die Ärmel hoch, erarbeitet eine Strategie, wie er vorgehen wird. Er muss so schnell wie möglich seine Kunden und alle Details kennen lernen, um den Vorsprung, den die Wettbewerbskollegen haben, aufzuholen.

Parallel dazu kämpft Fritz Frischling für die Erfüllung seiner Geschäftsplanziele. Denn das Ende des ersten Geschäftsjahres kommt in Windeseile heran.

Ohne Fleiß kein Ehrenpreis

Viel Konzentration auf wesentliche Dinge und die kontinuierliche Verfolgung nehmen viel Zeit in Anspruch.

Zeit, in der viel Fleiß nötig ist, um alles zu erarbeiten und vor allem zu erreichen. Unabdingbar und unaufhörlich ist der Einsatzwille gefordert! Immer auch verbunden mit der Frage: „Wie nutze ich meine Zeit möglichst optimal?" Also der kritische Umgang mit den Themen und sich selbst! Haben wir dann unser Ziel erreicht, ist die Zeit gekommen, um uns ein neues Ziel zu stecken. Unaufhörlich! Nur dadurch werden Erfolge erzielt. Sie entstehen durch intelligenten Fleiß. Denn nur wer das Ziel kennt, wird den Weg finden!

FRAGE 18

Welche Bedrohung geht vom Alltagstrott aus?

Menschen sind keine geklonten Schafe

Gelegentlich sehen sich zwei Menschen sehr ähnlich und auch ihr Verhalten scheint uns sehr ähnlich zu sein. Trotzdem: Sogar Zwillinge legen Wert auf eine eigene Identität.

Sie wollen Dinge anders haben als der Nachbar, sich anders kleiden als der Freund, selbst vor einem so schwierigen Produkt wie einem Auto, weil teures Massenerzeugnis, macht unsere Unterscheidungsfreudigkeit nicht Halt.

Viele Menschen lassen sich aber auch durch Vorbilder beeinflussen. Sie akzeptieren vielleicht, dasselbe wie viele Mitmenschen zu tun. Es ist oft schwieriger, seine eigene Richtung zu haben und zu halten!

Der Erfolgreiche schwimmt gegen den Strom

Eine Route alleine zu gehen, erfordert Mut, in der Natur wie auch im Geschäftsleben. Hier sind einige Fragen an Sie.

1. Was ist für Sie Erfolg? Idealerweise schreiben Sie sich Ihre Antwort auf.
2. Wollen Sie erfolgreich sein? Antwort: Ja?
3. Wie erfolgreich wollen Sie sein? Notieren Sie Ihre Antwort wieder auf einem Zettel!

Sie haben es jetzt festgelegt! Haben Sie das auch anderen gegenüber so offen zum Ausdruck gebracht? Dann beglückwünsche ich Sie, zu Ihrer Haltung und Selbstüberzeugung. Oder aber waren Sie am Ende nicht mutig genug, sich die reine Wahrheit und nichts als die Wahrheit über sich selbst und Ihre Ziele schriftlich einzugestehen? Überwinden Sie dann jetzt Ihre Hemmungen!

Können Sie auch Misserfolge verkraften?

Wer denkt gern über seine Misserfolge nach? Wer will sie schon erleben? Denn manchmal sind unsere Misserfolge auch für andere offensichtlich, und das empfinden wir eben als peinlich. Grundsätzlich verständlich, aber unvernünftig. Denn wenn Sie Ihre Augen vor ihnen verschließen, kommen Sie keinen Schritt weiter! Die Misserfolge werden zum Teil der Alltagspraxis und der Trott macht Sie zum Sklaven.

Wagen Sie es, anders als andere zu sein?

Selbstverständlich sind wir in Gewohnheiten und Gepflogenheiten eingebunden. Im Außendienst arbeiten Sie ziemlich solistisch, im Innendienst arbeiten Sie jeden Tag mit denselben Kollegen zusammen. Die täglichen Aufgaben und Herausforderungen ähneln sich stark, sind lediglich im Ausprägungsgrad unterschiedlich. Da bedroht uns noch viel schleichender der Alltagstrott. Es ändert sich ja nichts, das ist schon immer so, die Kollegen erleben die gleichen Situationen, sie sind ja auch im selben Unternehmen und argumentieren genauso. Auch hier muss uns aber eine positive Entwicklung am Herzen liegen.

Ist das Wort „Manipulation" negativ belegt?

Auch hier sollen wir herkömmliche Begriffe gelegentlich über Bord werfen. Meistens spricht „man" rund um uns negativ über Manipulation. Aber wie sieht die Realität aus? Wir beeinflussen jemanden mit dem Ziel, dass dieser anders handelt, als er ursprünglich und „eigentlich" vorhatte.

Manfred geht am Samstag mit seiner Frau Wiebke auf Einkaufsbummel und zeigt gute Miene. Er tut dies, weil er am Sonntag das Fußballspiel anstelle der „Dornenvögel" im Fernsehen sehen möchte. Schlau, nicht wahr? „Wenn ich mit ihr in die Stadt gehe, akzeptiert sie vielleicht meine Fußballerei." Oder hat sie die Initiative übernommen und ihn in den Einkaufsbummel hineinmanipuliert? Ist Manipulation schlecht? Ist Ehekrach besser? Sie dürfen es sagen!

Wie Sie sehen, ist es immer wieder eine Frage der Betrachtungsweise. Es gibt sehr viele, sehr gute Gedanken zu dem Wort „Manipulation". Unsere althergebrachte Meinung verhindert häufig eine positive Haltung.

Doch tun sie es wirklich? Einen Moment hielt ich beim Schreiben dieser Worte inne – warum? Weil ich überlegte, ob ich bei dieser Frage den Anfangsbuchstaben bei „sie" großschreiben soll. Damit sind wir nämlich am elementaren Punkt. Packen wir die Dinge wirklich an, packen Sie sie wirklich an?

Überprüfen Sie regelmäßig Ihre Gewohnheiten?

Viele Veränderungen werden zugunsten der Gewohnheit verdrängt nach dem Motto „Das haben wir immer schon so gemacht!". Es ist menschlich und notwendig, „Rituale" zu pflegen, doch bedeutet es eine Bedrohung, wenn notwendige Veränderungen blockiert werden und damit die Entwicklung gefährdet wird. Ich gehe nur kurz auf die „Zuständigkeit" und die „Verantwortlichkeit“ ein. Natürlich müssen wir wissen, wo unsere Zuständigkeit aufhört und wo die Kompetenzen von Kollegen und Kunden anfangen. Wir verbessern unsere Umwelt und unsere eigene Zukunft aber einigermaßen, wenn wir etwas Zusätzliches leisten, für das wir eben nicht zuständig sind. Wenn wir sagen: „Ich helfe Ihnen! Darf ich Ihnen diese Aufgabe etwas erleichtern?“

Entdecken Sie jeden Tag Ihre neue Welt!

Körperlich und physisch werden wir natürlich jeden Tag älter und wir beobachten leider auch, dass ein Teil unserer Mitbürger – auch psychologisch gesehen – jeden Tag älter wird. Dieses Altern können wir uns aber als Verkäufer nicht leisten. Im übertragenen Sinne sollen mir jeden Tag als jugendlicher Mensch die Welt, unsere Möglichkeiten in dieser Welt, neu entdecken. Dies fängt jeden Tag an! Trinken Sie einen Schluck Wasser, schließen Sie die Augen und erfahren Sie, wie herrlich frisches Wasser schmeckt und wie es Sie belebt. Betrachten Sie auch die Begegnung mit einem Kunden, den Sie schon fünf Jahre lang besucht haben, als Neuentdeckung und als neues Erlebnis. Den bedrohlichen Trott werden Sie dann nie erleben und jeder Schritt bringt Ihnen die Zukunft.

FRAGE 19 Wie erreichen wir unsere Ziele?

Selbstmanagement ist gefragt!

Um den stetig steigenden Anforderungen weiter gerecht zu werden, müssen wir uns zu Selbstmanagementprofis entwickeln. Es zeichnet sich deutlich ab: Wer seine wertvolle Zeit nicht optimal einsetzt, sich verzettelt und als Ergebnis dann nur noch im Stress ist, wird auf lange Sicht krank. Nur wenn Körper und Geist fit sind, bleiben wir auf die Dauer erfolgreich!

„Wer das Ziel nicht kennt, wird den Weg nicht finden", besagt ein Sprichwort. Nun werden Sie vielleicht sagen: „Ist doch klar, ich habe mein Umsatzziel für dieses Jahr." Doch was passiert dann häufig? Im Rahmen einer Tagung wird das Unternehmensziel verkündet, in Gruppen- und Einzelgesprächen die Individualzahlen festgelegt. Und das war's. Jeder geht wieder nach Hause und ist seinem „Schicksal" mehr oder weniger überlassen.

Das ist von der Unternehmensseite her betrachtet sicher auch nicht gerade die optimale Vorgehensweise, doch es ist hier nicht unser Thema.

Was macht nun der Verkaufsprofi?

Der Profi setzt sich selbst Ziele für die verschiedensten Lebensbereiche. Denn wie motivierend wirkt es, wenn ich mir vorgenommen habe, in fünf Jahren stolzer Besitzer eines Jaguar-Cabrios zu sein und ich auf den Tag genau dieses Fahrzeug heute beim Händler abholen kann?

Definieren Sie Ihre Lebensziele für die kommenden 20 Jahre. Was wollen Sie in 20 Jahren erreicht haben? Wo und wie wollen Sie leben? Wie soll Ihre finanzielle Absicherung aussehen? Wann wollen Sie den Pilotenschein haben?

Schreiben Sie Ihre Ziele auf und denken Sie daran. Ziele sind konkret, messbar, zeitlich begrenzt und realistisch! Formulieren Sie Ihre Ziele in vollständigen Sätzen und nicht in der Zukunft, sondern in der Gegenwart!

Nach dieser ersten Definition brechen Sie Ihre Ziele auf die Zeit zwischen heute und in 20 Jahren herunter. Was haben Sie bis in fünfzehn, zehn und fünf Jahren erreicht? Schreiben Sie diese Schritte genau auf. Denn das Erreichen von Zwischenzielen wirkt ungeheuer motivierend auf den Gesamtprozess, der vielleicht zehn oder zwanzig Jahre dauert.

Das Modell in der täglichen Arbeit

Angenommen, Sie haben mit Ihrem Vorgesetzten und der Geschäftsleitung ein Jahresziel von zwei Millionen Euro Umsatz und, damit verbunden, einen Gewinnanteil von 30 Prozent vereinbart.

Damit liegt das Jahresziel zwar fest, doch ist das als Zielsetzung wirklich ausreichend? Stellen wir uns die Frage: Wie viele Neukunden müssen Sie dafür akquirieren? Mit wie vielen Stammkunden können Sie über eine Neuinvestition sprechen? Welche Projekte aus dem Vorjahr kommen erst in diesem Jahr zur Entscheidung?

Im nächsten Schritt definieren Sie ein Halbjahresziel und die entsprechenden Quartalsziele. Je nach Branche müssen jahreszeitliche Schwankungen, neue Produkte oder das Wegfallen von Produkten mit in dieser Planung berücksichtigt werden. Es bedarf also durchaus einiger Überlegungen, um die Zielplanung realistisch zu formulieren.

Wir brechen unsere Ziele noch weiter herunter in Monats- und Wochenziele. Ähnlich sieht es mit unseren Tageszielen aus. Die Grobplanung kann sicher schon mit einer Woche Vorlauf erfolgen, doch die Detailabstimmung kann erst am Vorabend oder am Morgen, bevor es losgeht, fixiert werden.

Die kurzfristigen Ziele sind die Aufgaben der täglichen Arbeit. Betrachten wir die Tagesziele wie einen Kompass, der uns auf dem richtigen Kurs hält. Weichen wir vom Kurs ab, benötigen wir eine Kurskorrektur, um trotzdem unser Ziel zu erreichen. Denn nicht das Ziel wird verändert, sondern nur der Weg, um es zu erreichen.

Wie erreichen wir unsere Ziele?

Halten Sie Ihre Ziele schriftlich fest. So bleiben Sie Ihnen vor Augen. Vorstellungen, Wünsche und Ziele werden erst dann klar und konkret, wenn Sie sich die Zeit nehmen und konzentriert darüber nachdenken und sie dann auch niederschreiben, klar definiert, konkret, messbar, zeitlich begrenzt. So formuliert, als ob Sie die Ziele schon erreicht haben.

Fragen Sie sich aber auch, warum Sie dieses Ziel erreichen wollen? Was bringt es mir? Schreiben Sie auch diese Punkte auf: Ihre persönlichen Vorteile und Nutzen, wenn Sie Ihr Ziel erreichen. Und je länger Ihre

Nutzenliste ist, umso größer wird Ihr Wunsch, das Ziel zu erreichen. Definieren Sie ehrgeizige Ziele!

Hindernisse

Überlegen Sie auch, welche Hindernisse Ihren Weg zum Ziel erschweren. Das größte packen Sie dann zuerst an. Welche Informationen fehlen Ihnen, um Ihr Ziel zu erreichen? Erfolgreiche Menschen sind „Dauerlerner" und sind ständig bemüht, ihre Wissenslücken aufzufüllen. Dabei reicht es oftmals aus zu wissen, woher man eine bestimmte Information bekommen kann.

Die Kraft der Visualisierung

Wenn Sie sich beispielsweise zum Ziel gesetzt haben, das Jaguar Cabrio in zwei Jahren zu besitzen, dann besorgen Sie sich heute einen Prospekt mit Bildern und kleben Sie die Bilder überall an die Stellen, die Sie im Vorbeigehen regelmäßig sehen – zum Beispiel im Bad an den Spiegel, in Ihren Zeitplaner und an viele andere Stellen. Dies erinnert Sie immer wieder an Ihr Ziel und unterstützt so die Motivation, bestimmte Dinge zu tun, enorm.

Suchen Sie sich Hilfen

Stellen Sie sich die Frage, wer Ihnen bei der Realisierung Ihrer Ziele helfen kann! Schreiben Sie alle Personen auf, die Ihnen dazu in den Sinn kommen. Schreiben Sie auf, was genau die Person für Sie tun kann. Und überlegen Sie dann, was Sie für ihn tun können, und gehen Sie dann in Vorleistung. So schaffen Sie Verbindung und Verpflichtung und es gelingt Ihnen leichter, Ihren Wunsch erfüllt zu bekommen. Denn geschäftliche und gesellschaftliche Beziehungen funktionieren auf Gegenseitigkeit.

Geben Sie Ihr Ziel nicht auf

Wenn es sich um sehr komplexe oder langfristige Ziele handelt, die viel Aufwand erfordern, verlieren Sie vielleicht den Mut, bevor Sie starten. Zweifeln Sie aber nicht!

Schreiben Sie auf, mit welchem ersten Schritt Sie noch heute beginnen, um Ihr Ziel zu realisieren.

Halten Sie daran fest! Schließlich hatten Sie wichtige Gründe, weshalb Sie es erreichen wollen. Unwegsamkeiten gibt es immer und überall. Lassen Sie sich nicht von Neidern und notorischen Miesmachern pessimistisch stimmen. Verändern Sie nicht das Ziel – verändern Sie nur den Weg dahin!

Schaffen Sie sich Verpflichtungen

Besprechen Sie mit Ihrem Vorgesetzten oder Lebenspartner Ihre Ziele und lassen Sie sich daran erinnern, wenn Sie sich in Motivationstiefs befinden.

Ein sehr wichtiger Aspekt ist der regelmäßige Vergleich zwischen dem Plan und dem tatsächlich Erreichten. Dieser Vergleich muss zur Routine werden und entsprechend im Tagesplan berücksichtigt werden. Und wenn Sie die definierten Teilziele erreicht haben, belohnen Sie sich dafür.

Eines Tages ist es dann tatsächlich erreicht. Und jetzt? Auf zu neuen Taten! Es gibt sicher noch mehr Dinge auf dieser Welt, welche Sie für sich als erstrebenswert und wertvoll ansehen. Packen Sie's an!

FRAGE 20

Was zeichnet Spitzenverkäufer aus?

In erster Linie eine positive Lebenseinstellung und wirklich positives Denken, welches jedoch den Blick auf die Realität behält! Denn es ist wie in der Medizin: Jedes Medikament wirkt nur in einem bestimmten Umfang heilend. Ist die Dosis zu hoch, kann es tödlich sein.

Unsere Zukunft ist die Folge dessen, was wir denken und tun. Zufälle gibt es nicht. Dies bedeutet nicht, dass es nie und nirgendwo Katastrophen gibt. *Wie* wir jedoch diese Katastrophen verkraften, ist – hart gesagt – an erster Stelle unsere eigene Verantwortung.

Auch Niederlagen bleiben uns nicht erspart

Spitzenverkäufer motivieren sich nach Niederlagen oder Fehlschlägen immer wieder selbst und betrachten diese Erfahrung als eine Teilzahlung auf dem Weg zum nächsten Erfolg. Jeder Misserfolg, den wir konstruktiv analysieren, gibt uns neue Kraft, es beim nächsten Mal besser zu machen. Das heißt, die richtige Programmierung, die findet übrigens in den 15 Zentimetern zwischen unseren beiden Ohren statt, sie ist entscheidend für den Erfolg. Eine gleich bleibend hohe, positive Stimmung steigert die Wahrscheinlichkeit auf eine kontinuierlich hohe Leistung.

Wie kommen wir nun zu dieser positiven Stimmung?

Die Verlierer von morgen ziehen abends auf dem Weg nach Hause, im Auto sitzend und im Stau stehend, eine negative Tagesbilanz. Sie denken darüber nach, was sie heute alles wieder nicht geschafft haben, welchen Kunden sie nicht erreicht haben, welches Geschäft sich verzögert und welchen Auftrag sie verloren haben. So programmieren sie sich regelmäßig negativ.

Die Gewinner von morgen ziehen am Ende des Tages eine positive Bilanz. Was ist mir heute besonders gut gelungen? Worüber kann ich mich heute besonders freuen? Welche Teilerfolge habe ich heute erreicht? Mit den Antworten auf diese Fragen ergibt sich ein positives Ergebnis für den Tag, welches sich in einem Gefühl der Zufriedenheit und Lebensfreude ausdrückt. Lebensfreude setzt neue Energie frei, die wir jeden Tag brauchen, um in diesem harten Job dauerhaft erfolgreich zu arbeiten.

Selbstmotivation und Begeisterungsfähigkeit

Es fängt damit an, dass wir täglich unsere wichtigsten Voraussetzungen für unseren Erfolg prüfen. Dazu gehören die Anzahl der Telefonkontakte, Besuche und feste Termine. Belohnen Sie sich mit kleinen Dingen, wenn Sie diszipliniert arbeiten, verzichten Sie auf bestimmte Dinge, wenn Sie Ihr Pensum nicht eingehalten haben. Falls Sie Ihre Telefonakquise durchführen, holen sie sich erst einen Kaffee, wenn Sie zwei Termine vereinbart haben. Hier fängt Ihre Selbstdisziplin schon an und die brauchen Sie auf dem Weg nach vorn.

Wie bekämpfen Sie Ihren Zweifel?

In Zeiten, in denen es weniger gut läuft und die Zweifel anfangen zu nagen, rufen Sie sich die Vorteile Ihres Berufs als Verkäufer in Erinnerung. Dazu gehören selbstständiges Arbeiten, Kreativität, Entscheidungsfreiräume und noch viele andere Vorteile, die Ihnen helfen, sich immer wieder mit Ihrem Beruf zu identifizieren. Denn nur wenn Ihnen der Beruf Freude und Spaß bringt, werden Sie gut sein! Wir sollten nur das tun, was uns wirklich Spaß macht. Beruf kommt von Berufung.

Kennen Sie Ihren Argumentekatechismus!

Erarbeiten Sie möglichst viele Vorteile und Nutzen Ihres Angebots. Einmal um sich selbst das Produkt oder die Dienstleistung zu verkaufen und vor allem, um gegenüber Ihrem Kunden ein kompetenter Verkäufer zu sein, der den individuellen Nutzen für den Kunden darstellen kann. So machen Sie durch die besondere Beratung oder den einzigartigen Service aus Ihrem Produkt oder Ihrer Dienstleistung das „persönliche" Angebot Ihres Kunden.

Mögen Sie jeden einzelnen Kunden!

Beginnen Sie jedes Telefonat, jedes Verkaufsgespräch, jeden Brief damit, sich selbst positiv auf Ihren Kunden einzustellen. Denn ohne die positive Grundeinstellung ist der Erfolg nicht zu schaffen. Sobald wir negativ denken: „Den Auftrag bekomme ich sowieso nicht!" Beschwören wir die Niederlage herauf. Solange wir denken, dass wir keinen Parkplatz finden, sehen wir nur die besetzten Parkplätze! Ist unser Blick auf freie Parklücken programmiert, dann werden wir schnell fündig.

Unsere Gedanken bestimmen unser Verhalten!

Projizieren Sie Ihre Erfolge und Ihre Gefühle auf die Leinwand Ihrer Gedanken. Stellen Sie sich vor jedem Besuch oder Telefonat vor, wie Ihr Erfolg aussehen wird.

Sehen Sie jede schwierige Situation als ein echtes Geschenk und eine Herausforderung an und freuen Sie sich darauf. Fragen Sie sich bei jeder misslungenen Situation, ob Sie persönlich daraus lernen und es bei der nächsten Gelegenheit besser machen werden? Immunisieren Sie sich mit einem Schutzschild um sich herum gegen unvermeidliche Rückschläge, Misserfolge oder sonstige Schwierigkeiten.

Überlegen Sie sich schon im Vorfeld, welche Reaktionsmöglichkeiten Sie haben, und suchen Sie die beste für sich heraus. Nach jedem Misserfolg sagen Sie sich: „Jetzt erst recht!" Denn: „Es gibt nichts Gutes, außer ich tu es" – sagen wir frei nach Erich Kästner.

Niemand sonst wird uns den Erfolg bringen. Nur wir selbst können es tun!

Führen Sie die richtigen Selbstgespräche

Reden Sie sich in weniger guten Situationen Mut zu: „Ich schaffe es!" – „Ich bleibe weiter dran!" – „Ich gehöre zu den Besten!"

Werten Sie jeden Misserfolg aus und stoppen Sie danach jede Selbstkritik: „Erfolgreich ist, wer einmal mehr aufsteht, als er hingefallen ist." – „Misserfolge sind Ratenzahlungen für die künftigen Erfolge."

Lassen Sie Ihren Erfolgsfilm ablaufen. Verstärken Sie den absoluten Willen zum Auftrag, indem Sie sich schon vorher vorstellen, wie Sie vorgehen werden und wie Sie sich fühlen werden, wenn der Kunde Ihren Auftrag unterschreibt. Lassen Sie gedanklich Ihren Erfolgsfilm ablaufen. Ihr Erfolg wird nicht drei Minuten vorher, sondern schon drei *Stunden* vorher entschieden.

Bei jedem Kunden müssen Sie in sieben bis acht Kontakten Höhen und Tiefen erleben, um zu Ihrem Erfolg zu kommen. Nur der schwer erarbeitete Erfolg macht Sie zum Gewinner. Entwickeln Sie Ihre eigene Verkaufsstrategie und überprüfen Sie diese von Zeit zu Zeit.

Willenskraft und Beharrlichkeit sind gefragt!

Ich habe vor kurzem einen Verkäufer kennen gelernt, der durch zwei Beurteilungen durchgefallen war. Er war im Verkaufsinnendienst und wollte unbedingt in den Verkaufsaußendienst wechseln. Er wurde überall abgelehnt, weil keiner ihm diesen Job zutraute. Aufgrund seiner Hartnäckigkeit fand er jedoch ein Unternehmen, das ihm diese Chance gab. Er zählt heute in diesem Konzern zu den zehn Topverkäufern in Europa. Aus nur einem Grund: Er wollte es unbedingt!

Entscheidend ist nicht, welche Fähigkeiten einem mit in die Wiege gelegt wurden, sondern wirklich wichtig ist, was der Mensch daraus macht. Wir alle haben diese Chance!

Viel Erfolg!

Ihr Martin Limbeck

Literatur, die Ihnen weiterhelfen kann:

Behle, Christine: „Das große Handbuch für den Außendienst“, Verlag Norbert Müller, Dez. 1997

Bornhäußer, Andreas: „Präsentainment“, Benelio-Verlag, München, August 2001

Fett, Josua: „Die Mehr-Wert-Strategie“, Mi-Verlag, Landsberg, April 2000

Ruhleder, Rolf H.: „Einfach besser verkaufen“, Mi-Verlag, Landsberg, 2000

Kontakt mit dem Autor bekommen Sie ganz einfach:

Martin Limbeck Trainings® Team
Odenwaldstraße 22
D-61352 Bad Homburg
Telefon: 00 49-(0)61 72-45 68 77
Fax: 00 49-(0)61 72-45 68 78
E-Mail: limbeck@ml-trainings.de
Homepage: www.ml-trainings.de

Ein herzliches Dankeschön an unseren Vordenker Jan L. Wage, der bei der Konzeption dieses Buches behilflich war.